오늘도
행복을
만납니다

박창옥 지음

차례

프롤로그 · 4

1장 얘들아, 안녕!

내가 지은 집, 나의 집 · 11
나보고 하는 말, 벌써 예쁜데 · 16
토마토 순 따지 마세요 · 25
20일, 원장에서 교장이 되기까지 · 32
제 이름을 잊지 마세요 · 42
하나가 되는 순간들 · 47
전교회장단 공약을 실천하다 · 54

2장 똑똑, 교장실입니다

보석 같은 사람들, 나도 빛이 되었던 3년 · 65
'선배님이 쏜다' 운동회 실화인가요? · 75
특별한 하루 이야기 · 84
모교를 살린 우렁각시들 · 94
교사의 삶을 마주하다 · 103
교사 연수 아니고 전학 상담입니다 · 109

3장 학교 밖 사람들

내게는 내 이름을 불러주는 선생님이 있습니다 · 125
우리 전세 사기 맞대 · 134
원팀 이사하는 날 · 144
엄마가 살아가는 힘 · 157
온양댁 이야기 · 167
함양 여행, 모두가 꽃이었습니다 · 176

프롤로그

우리는 동일한 시간과 공간에 살지만 각자 자기가 지은 집 울타리 안에서 살고 있다. 내가 살고 있는 집은 물리적인 집만 존재하는 것은 아니다. 내가 관계 맺고 사는 세상, 관계의 집도 내가 살면서 지은 집이다.

나는 평범한 가정과 나의 직장 학교로 집을 짓고 보통의 일상을 살고 있다. 나의 집은 어제와 별로 다를 게 없어 보이기도 하지만 하루에 하루를 포개며 되돌아보고 정성스럽게 채워가고 있다. 어제보다 조금 더 행복한 집을 짓기 위해 오늘도 공사 중이다.

나는 농촌에 위치한 초등학교의 교장이다. 아침마다 등교맞이를 한다. 방한복으로 롱패딩과 다리 토시를 샀다. 여름에는 따가운 햇살을 가려주는 양산과 쿨토시를 했고 비오는 날은 명화 화가의 정원 장우산을 폈다. 아이들이 좋아하는 캐릭터 핸드폰 케이스와 금색 구두굽은 학생들의 흥미를 끌기 충분하였다.

"안녕하세요?"

반가운 인사로 솔직한 마음 그대로 열어 보이는 학생들. 이 맑은 동심에 행복하다. 사랑으로 답해주는 아이들이 있어 학교는 희망이 있다. 관계를 유지하는 섯은 보이지 않는 노력이 필요하다. 학생과 교직원도 마찬가지다. 관심을 덜 가지면 멀어지고 적절한 거리를 유지하려는 순간 더 멀어졌다. 어떤 사람은 학교가 예전 같지 않다고 하지만 나는 지속 가능한 학교를 위해 학생과 교직원, 보호자, 동문과 따뜻한 관계의 집을 짓기 위해 노력하고 있다.

"선생님, 오늘 퇴근할 때 태워 줄까요?"
"유치원 선생님 차 타기로 하였습니다. 고맙습니다."
새내기교사는 늘 그랬던 것처럼 정중하게 고개를 숙여 감사 표시를 했다. 수업연구 교재를 넣은 큰 백팩을 메고 출

퇴근하였다. 카풀하는 교사가 출장 가면 타는 차의 순서가 나름 정해져 있었다.

학교에는 다양한 구성원이 근무한다. 경력형 공무원 채용을 준비하는 직원 면접을 도와주었다. 전문직 공부하던 경험을 모아 예상 문제도 뽑고 모르는 문제에 답변하는 방법을 알려주었다. 문을 열고 들어오는 것부터 실전을 반복하였다. 경험해본 사람은 가르치는 기쁨이 얼마나 큰지 안다. 나의 도움이 필요하다니 내가 더 신났다. 공무원 채용이 되면 다른 학교로 발령날 것도 알지만 개인의 발전을 응원하였다.

"교장선생님, 공무원이 되니까 마음가짐도 달라지고 학교까지 40분 걸리는데 전혀 멀다고 생각되지 않아요."

당진중앙시립도서관에서 1인 1책 쓰기 프로젝트를 한다는 것을 알게 된 순간 하고 싶은 일을 찾은 것 같았다. 그동안 학교 일상을 기록해야지 생각했는데 쉽지 않았다. 1장과 2장은 누리초에서 3년 동안 쓴 페이스북 글을 소재별로 이어보았다. 3장은 최근에 경험한 학교 밖 이야기를 썼다. 주말마다 노트북을 메고 카페에 가서 글쓰기를 하였는데 아주 값진 시간이었다.

나에게 지속가능한 학교, 따뜻한 학교는 최고의 가치다. 정현종님의 '방문객' 낭송으로 직원을 환영하였다. 환대하는 마음으로 바람을 흉내내 보았나. 누리초에서 내가 만난 대부분의 직원들은 훌륭했다. 그래서 이 책이 나올 수 있었다. 따뜻한 집에서 교장을 할 수 있게 해준 보석 같은 누리초 구성원들에게 감사한 마음을 전한다.

남편과 두 딸은 내가 토요일에 책쓰기 하는 것을 자랑스러워했다. 나에게 잘 맞는 일을 찾았다고 진심으로 응원해주었다. 늘 곁에서 응원해주는 나의 가족에게도 고마움을 전한다.

안 웃어봐요.
왜 맨날 웃어요?
눈 좀 떠봐요.
난 눈이 작아서
이런 말 듣는 것이 살짝 싫단 말야.
원장선생님 이제 안 올 거야.
아~ 또 와요.
예쁘다고 하면 올 거야.
벌써 예쁜데.

1장
얘들아, 안녕!

내가 지은 집, 나의 집

나보고 하는 말, 벌써 예쁜데

토마토 순 따지 마세요

20일, 원장에서 교장이 되기까지

제 이름을 잊지 마세요

하나가 되는 순간들

전교회장단 공약을 실천하다

내가 지은 집, 나의 집

우유를 마시려고 무심코 양쪽으로 열다가 오른쪽 날개에 그려진 하트를 보았다. 6학년 학생이었다. 하트를 그려서 슬그머니 가져다 놓고 나를 보고 수줍게 웃었다. 어떤 학생은 우유를 건네며 인사했다.

"맛있게 드세요."

어느 날은 ♡, 어느 날은 교장선생님♡, 배구대회가 있는 날은 배구!!♡, 며칠 연수 다녀오면 우유곽 네 개가 카드섹션처럼 나란히 서 있었다. 교, 장, 선생님, ♡.

아까워서 우유를 마시지 않고 냉장고에 두고 가끔 보았다. 집에서도 우유를 마실 때면 나도 모르게 날개에 무엇이 있는지 확인하게 된다. 날개가 여백으로 있으면 왠지 허전하였다. 우유를 좋아하지 않아서 억지로 먹어볼 생각으로 신청하였는데 운 좋게도 마음 건강까지 챙길 수 있었다. 마트의 우유에서도 학생들의 살가운 마음을 느낄 수 있었다. 보이지 않는 여백이 나에게 의미를 주고 상상하게 한다. 이렇게 학교에서 아이들이 주는 기쁨이 크다.

> 안녕하세요. 교장 선생님!
> 이제 전 곧 북창초등학교를 떠나는데
> 교장 선생님 생각이 나서 이렇게 연필을 들었습니다.
> 어색했던 친구들, 선생님과 교과서를 본지가
> 얼마 안 된 것 같은데 전 벌써
> '졸업'이라는 새로운 시작을 앞두고 있네요.
> 제가 교장실에서 회의를 참관 했을 때 (작년)
> 선생님들의 진지한 태도와 내용을 듣고
> 사실 좀 놀랐어요.
> 우리가 매일 하는 방과후, 좋아하는 체험학습까지
> 많은 선생님들의 숨겨진 노력이 있는 줄 몰랐거든요.
> 3년동안 배구부, 2년 동안 기자단을 하며
> 가장 보람찼던 건 올해였던 것 같아요.
> 오셔서 함께 공도 주워주시고 배구대회 때
> 함께 화이팅 해주시고 기뻐하시는 걸 보고
> 교장 선생님께서 저희에게 얼마나 친절이신지
> 알게 되었어요. 🌠✨
> 올해 1학기 교장실 가서 춤 추고 하던 게
> 잊지 못할 시간이 될 것 같아요.
> 북창초에서 2년이라는 길다면 길고 짧다면 짧은
> 시간동안 정말 감사했습니다.
> 인생이라는 긴 소설에서 초등학생이라는 페이지를
> 선생님과 함께할 수 있어서 행복했습니다
> 제가 꼭 커서 북창초에 좋은 일 할게요!
> 미소가 정말 예쁘신 교장 선생님,
> 잊지 못할 거예요.
> 감사했습니다 ♡   -2024 12월의 끝자락
>   드림-

5년 전에 아이들 고모가 호야를 선물해 주었다. 일회용 포트 두 개를 모아 납작한 갈색 사기 화분에 한데 심었다. 늘 두터운 잎만 보는 관상용 식물이라고 생각했다. 덩굴식물이어서 잎이 한두 개 더 나와도 다를 것이 없었고 덩굴이 조금 길어져도 늘 그런 것처럼 다르지 않았다. 남향 거실의 모서리에 흰색 화분 거치대가 있었다. 그 꼭대기에 올려놓았다. 잎이 늘어져서 고위층을 차지할 수 밖에 없었다. 늘 그 자리에 있었기에 거치대와 화분이 붙박이장처럼 존재감 없이 느껴졌다.

어느 날 보면 살아있는지 고민스러울 정도로 잎이 두텁고 화석처럼 딱딱하며 투박한 광이 났다. 확실한 것은 일회용 포트에 심어진 단출한 식물이었는데 바닥에 닿을 정도로 늘어지는 것을 보면 자라고 있었다. 날이 따뜻해지면 간혹 끝부분에서 아기잎이 나오기도 했다. 그 잎은 보드라웠고 초록잎 사이에서 아이보리와 핑크빛이 단연 돋보였다. '난 귀염둥이 아가야' 하는 것 같았다.

호야꽃을 처음 보았다. 5월 어느 날, 연보라빛 꽃망울이 아래로 맺혀있는 것을 발견했다. 작은 꽃봉오리 30개 정도가 덩이리로 다발 지어 있었다. 거실 바닥에 엎어져서 고개를 쳐들고 꽃을 보았다. 꽃이 팡 터지니 가운데는 진보라빛의 별모양이 나타났다.

모든 식물은 꽃이 핀다는 것을 알고 있었다. 그래도 호야는 꽃이 필 거라고 기대하지 않았다. 호야는 4~5년 자라야 꽃이 피는데 호야꽃이 피면 좋은 일이 생긴다고 하였다. 역으로 생각해보았다. 그 기간 동안 물, 햇빛 등 최적의 환경을 만들어 주었다면 그 가정은 당연히 평화롭고 행복했겠지. 그러니 꽃도 피고 좋은 일이 생기는 것은 당연했다.

우리 아이들도 늘 그 자리에 있는 것처럼 느껴질 때가 있었다. 꽃이 피지 않는 시기의 호야처럼. 그래도 아이들은 조금씩 성장하고 꽃을 피웠다. 호야꽃처럼. 학생들의 잠재능력이 꽃피기까지 좋은 교육환경을 만들어 주고 그 속에서 생활을 할 수 있도록 기다려주려고 노력했다. 아이들이 성과를 가져와서 행복한 것이 아니라 아이들이 필요로 하는 것들을 채워주는 과정에서 행복을 느끼려고 한다. 이것이 내가 짓는 집이다.

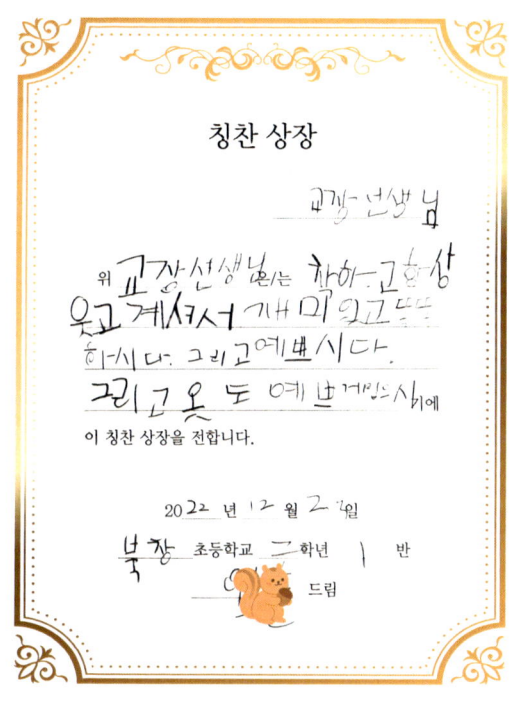

 2학년 훈이가 국어 시간에 나에게 주는 상장을 만들었다. 담임교사한테 모르는 글자를 물어보며 정성스럽게 만들었다고 하였다. '항상'의 '항' 자를 물어서 쓰고 지우고 다시 써서 완성한 칭찬 상장이었다. 훈이가 교장실에 같이 가달라고 부탁해서 담임교사가 데리고 왔다. 기특하다! 훈이 덕분에 1년은 거뜬하게 가슴이 벅찰 것 같다.

나보고 하는 말, 벌써 예쁜데

"원장선생님이다."

하늘이 파랗다. 봄햇살을 느낄 겸 밖으로 나왔다. 상담주간이어서 교사들은 모두 바쁘다. 금요일 오후 교정은 평화롭다. 뒷쪽 주차장에서 시작해 울타리 따라 조성된 산책로를 걸었다. 수선화, 원추리가 단단한 흙을 들어 올리고 뾰족뾰족 연두 머리를 내밀었다. 봄이다!

학교숲에 식재한 꽃과 나무가 잘 자라고 있는지 살폈다. 방향이 돌아간 표찰은 반듯하게 다시 꽂아주었다.

"박 교장, 너무 쳐다봐서 이 아이들이 부담스러울 것 같아."

동기 교장이 우리 학교를 방문했을 때 말했다. 그 생각은 못했는데 식물도 부담스러울 수도 있겠다.

반 바퀴 돌아서 유치원 앞 화단을 지나가고 있었다. 한 아이가 창문으로 나를 보며 손을 흔들었다. 유치원에 등록하고 다음 날 슬픈 소식을 들었다.
"아빠는 하늘나라에 있어."
챙겨주는 지인이 있어 다행이었다. 사랑스럽게 컸고 유치원에서 잘 지내고 있다.

입학식 날, 그 아이가 도서실 앞까지 막 뛰어와 나한테 안겼다.
'내가 누구인지는 알까?'
순식간에 생긴 일이라 당황스러웠지만 아이가 얼어붙은 내 마음을 녹여주었다. 나도 모르게 안아주었다. 옆에 있던 교감선생님한테 가서도 안겼다.
'교감선생님은 처음 보았을 텐데.'

통학버스에서 내리면 살가운 1, 2학년 아이들은 와서 안겼다. 두 팔로 꼭 안아주기는 그렇고 차렷하고 있기도 어색했다. 이 어정쩡한 자세라니! 아이들은 누가 사랑하는지 본

능적으로 안다. 반갑게 와서 안겨도 차렷하고 있으면 다음 날부터 가슴에 와서 탁 치듯이 닿고 그냥 간다. 살짝 긴장을 풀고 있으며 머리를 넣고 폭 안긴다. 그리고 내 곰돌이 핸드폰 케이스를 만지작거리다가 어느 덧 손도 만지며 시원하다고 좋아한다.

곰살맞은 아이에 끌려 유치원에 들어갔다. 동건이가 다가와 느닷없이 말했다.
"안 웃어봐요."
난 알아듣지 못했다.
"왜 맨날 웃어요?"
이제 앞에서 한 말을 이해했다. 그 순간 훅 들어왔다.
"눈 좀 떠봐요."
순간 유치원교사와 눈이 마주쳤고 서로 쳐다보며 엄청 크게 웃었다.
'아이 부끄러워라. 난 눈이 작아서 이런 말 듣는 것이 살짝 싫단 말야.'
"원장선생님 이제 안 올 거야."

"아~~ 또 와요."

"예쁘다고 하면 올 거야."

"벌써 예쁜데."

벌써 예쁘다는 말 들어본 적 있나요? 온몸을 감고 도는 따뜻한 바람 같이 설렜다. 둘째 딸은 자기 남자친구도 그런 말 안 해준다고 하였다.

45인승 통학버스 문이 열리면 봇물 터지듯 가장 먼저 동건이 남매가 내렸다. 만화영화 '꼬마 펭귄 핑구'에서 핑구네 옷장 문이 열리면 옷이 와르르 쏟아지는 그 느낌으로 내렸다. 동건이 누나는 말괄량이 삐삐 같다. 갸름한 얼굴에 양갈래로 땋은 머리를 하고 온다. 화장실에서 벌레 있다고 우는 친구를 위해 당차게 문을 열어주었다. 한 치의 거침이 없다.

"벌레 아냐. 이제 들어가도 돼."

이 남매를 보면 하루가 힐링 되었다. 안전요원은 이 아이들을 행복바이러스라고 하였다.

동건이가 내리면서 교감선생님과 하이 파이브를 하였다.
"동건이 교감선생님 좋아하는구나!"
"네. 교장선생님도 좋아해요."
이 당당한 목소리가 또 설레게 하였다. 7세 유치원 아이인데 대화가 아주 잘 되었다. 동건이가 사회성이 훌륭한 건지 유아 발달 단계에 맞게 내가 대화를 잘하는 건지 모르겠지만 하루를 활기차게 시작하였다.

동건이는 가방끈을 한 손으로 들고 힘차게 인사하였다.
"안녕하세요?"
"동건아, 유치원 어때?"
"조금 시시해요."
"왜?"
"축구도 하고 태권도도 하고 싶어요."

동건이는 은색 목걸이를 하고 조거체육복 바지를 입고 왔다. 혼자서도 씩씩하게 유치원으로 걸어갔다. 가방 끈의 끄트머리를 잡고 오른손으로 가방을 돌렸다. 가방은 허공에서 여러 차례 큰 원을 만들다가 가차 없이 내동댕이쳐졌다. 다시 주워서 몇 번 더 돌리다가 한쪽 어깨에 철썩 멨다. 교사동 앞 보도블럭에 누웠다가 일어났다. 가방을 양쪽 어깨로 얌전히 메고 가는 것은 다른 아이들 이야기였다. 유치원 가방 안에 특별히 든 것도 없을 텐데 끈으로 드니 몸체가 쳐졌다.

'명품 체크무늬 가방의 품위는 어디로 갔나?'

동건이가 저만큼 가다가 뒤돌아보며 소리쳤다.
"잔디 밟고 지나가도 돼요?"
잠시 망설였다. 잔디 생육기간이라 20일 동안 잔디밭에서 놀지 못하게 하였다. '유아 한 명이 잔디 밟고 지나가는 것은 자라는데 큰 영향은 없겠지?'
"응."
"그럼 여기로 지나가도 돼요?"
중앙잔디밭에는 잔디가 넘어가지 않도록 벽돌로 앙증맞게 만든 사각정원 네 개가 있다. 그 작은 화단에 자주색 꽃이 막 피어나기 시작했다.

"아 그것은 꽃잔디야. 이것은 잔디, 이것은 꽃이 피어서 꽃잔디. 밟으면 꽃이 아파해."

잔디밭 앞뒤로 보도블럭도 있지만 동건이는 잔디밭을 가로질러 갔다. 초록 잔디운동장으로 내려가서 축구공을 뻥 찼다. 어디에 맞았는지 큰 소리가 났다.

급식을 마치고 여럿이 봄맞이 산책을 하였다. 목련 봉오리가 생겼을 때 추위가 와서 끝부분이 갈색으로 얼었다. 날마다 조금씩 피는 것인지 지는 것인지 구별되지 않더니 따스한 햇살에 다시 힘을 내서 꽃이 활짝 피었다. 갈색보다 흰색이 더 많아져 울타리 주변이 등대처럼 환했다. 하루 예쁘게 환하더니 며칠 흩날리며 떨어졌다. 유치원 친구들은 누가 꽃잎을 더 많이 줍나 대결하였다.

"선생님들~~"

동건이가 앞에 가는 우리를 불렀다. 이 독특한 언어라니! 어르신이 부르는 것 같았다. 동건이가 하얀 목련 꽃잎 한 장을 나한테 정성스럽게 건넸다. 교감선생님에게도 주었다. 우리는 소중한 선물을 주어서 고맙다고 하였다.

늘봄강사가 수업을 마치고 짐을 끌고 지나갔다. 소리나는 쪽을 쳐다보며 동건이가 말했다.
"어 여행 간다. 나도 캐리어 끌고 여행 갔는데."
"어디 갔었어?"
"일본요."
"일본 말고 또 어디 갔었어?"
"아직은 일본 말고 못 갔어요. 중국은 태풍 온다고 했는데."
와, 동건이 만세다.

잔디광장에 다다랐다. 뒤따라오던 유아 여섯 명이 평상에 올라가서 춤을 추었다. 유치원교사는 핸드폰으로 음악을 틀고 노래를 불러주었다.
'즐겁게 춤을 추다가 그대로 멈춰라. 웃지도 말고 울지도 말고 움직이지 마.' 동건이가 얼마나 힘차게 뛰는지 다른 아이들도 덩달아 신났다. 산책로를 돌던 우리도 관광버스를 타고 여행가는 것처럼 흥얼거리며 몸을 들썩거렸다.
"아싸. 잘한다!"

평상 옆에는 기다란 강아지 나무 의자 두 개가 마주 보고 있다. 춤을 다 춘 아이들은 그 노랑이 의자에 시소처럼 올라탔다. 유치원교사도 맨 뒤에 탔다. 따뜻한 봄 햇살도 함께 탔다.

토마토 순 따지 마세요

"아, 어떡해? 희원이가 또 왔어요."

모자가 없으니 임시방편으로 스포츠타올을 머리에 쓰고 옷핀으로 고정하였다. 이것으로 뜨거운 햇살을 가릴 수 없다는 것을 알지만 그래도 뭐라도 하고 나가야 할 것 같았다. 정장에 수건이라니 누가 봐도 우스꽝스럽겠다. 거울을 보지 않아서 다행이었다. 밖으로 나오니 바로 땀이 주르륵 흘렀다. 텃밭에는 도착하지도 않았는데 생각이 많아졌다.

'화장은 어쩌지? 닦아야 하나? 말려야 하나?'

싫지 않은 시집살이였다.

"원장선생님, 이거 따요?"

"아니. 이건 머리라서 따면 안 돼."

"이것은 머리예요? 순이에요?"

가는 손으로 얼마나 야무지게 순을 따는지 신기하다. 순만 똑똑 잘 끊어냈다.

"희원이는 덥지 않아?"

"안 더워요."

진짜 안 더울까 믿어지지 않았다.

오늘도 유치원 희원이는 현관 뒷쪽 출입구에 서 있었다. 급식을 마치고 교무실로 가는 길목에 서서 나를 기다리고 있었다. 토마토 순을 따자고.

"희원아, 오늘은 비가 와서 못해. 다음에 맑은 날 하자."

내 목소리에 당당함이 배어있었다. 윤기마저 흐른다. 오늘은 순을 따지 못하는 아주 확실한 이유가 있다. 비가 와서 참 좋은 날이다!

산책로를 따라 돌았다. 별마당꿈마당 텃밭에서 5학년 학생들이 물을 주고 있었다. 수돗가 옆에는 노란색 플라스틱 박스가 있었다. 여학생들은 어린이용 소형 물뿌리개를 들고 자기 식물에 물을 주었다. 힘이 넘치는 남학생 두 명은 매일 수돗가에 가방을 던져놓고 긴 호스로 텃밭 전체에 물을 뿌렸다. 언뜻 보면 친구들과 물놀이하는 것처럼 보였다.

"선생님, 아침시간에 운동장에서 놀아도 되나요?"

"안 돼."

"텃밭에 물주는 것은 되나요?"

"그건 돼."

이 담임교사의 훌륭한 학급 운영으로 텃밭 밭작물들은 물을 실컷 먹고 충실하게 자랐다.

그 때 민지의 도발적 질문이 훅 들어왔다.

"교장선생님, 요즘 텃밭에서 토마토 순 따는 사람이 교장선생님이세요?"

당돌하기까지 한 질문이 직감적으로 뭔가 칭찬은 아닌 것 같았다. 한 발짝 물러났다.

"응. 그런데 교장선생님 혼자서 다 따진 않았어. 왜?"

교사일까? 학생일까? 민지 토마토의 본줄기가 뚝 잘려 있었다. 누가 보아도 알 수 있는 굵은 본줄기인데 구분하기 어려운 사람도 있나보다. 안타깝기도 하고 지금까지 건강하게 잘 자라준 토마토한테 미안하기도 했다.

내가 관리하면 토마토 순을 제 때에 따주고 한 줄기만 지지대에 묶어서 곧고 굵게 키울 텐데. 그러면 토마토가 나란히 줄 서있는 것처럼 깔끔할 텐데. 그런데 그렇게 하는 것이 학생 개인한테 어떤 의미가 있을까?

학생들이 가꾼 고추, 토마토에 손대는 것은 글쓰기에 첨삭하는 것과 같다는 생각을 했다. 학생들이 쓴 글을 첨삭하면 어느 새 내 글이 되었다. 글쓰기 지도라는 훌륭한 허울을 쓰고 자연스러운 글이 되지만 학생의 펄떡이는 경험과 느낌은 사라진다. 글 안에 내 영혼이 넣어지고 내 옷을 입은 글이 되었다. 그래서 텃밭 작물에 손대지 않았다.

내가 주인이라고 이렇게 작물마다 이름표가 버젓이 꽂혀 있었다. 그 주인의 의도를 혹여 해칠까 조심스러웠다.
"기다려."
교사가 학생들에게 늘 하는 말이다.

나도 기다려야 했다. 여름이 완연해질수록 얼굴을 텃밭 반대쪽으로 돌리고 걸었다. 순이 무성하여 차마 쳐다볼 수 없었다. 나는 농부의 딸이어서 이런 텃밭을 보면 참기 어려웠다.

텃밭에서 교사를 만나면 토마토 순을 따주어야 한다고 말했다. 텃밭 강사도 순자르는 것을 알려주었다고 했다. 그런데 한 번 듣고 이해하기는 쉽지 않은가 보다. 한 교사는 비닐 위에서부터 순이 무성하게 자란 것을 보고 초록이 풍성해서 보기 좋다고 했다. 서로 다름을 이해해야만 했다.

텃밭은 손이 많이 간다. 어느 교장은 텃밭도 교장 업무라고 말했다. 텃밭 작물을 키우려면 내가 체육복을 갈아입고 직접 하거나 아니면 포기해야 한다고. 누군가 해주길 바라는 그 마음을 내려놓아야 한다고. 나는 체육복으로 갈아입지도 마음을 내려놓지도 못하고 기다리고 있었다.

7월이 되어 더는 기다리면 안 될 것 같았다. 갓 줄에 있는 것부터 조금씩 조금씩 정리하기 시작했다. 토마토 줄기가 자란 것은 지지대에 묶어주고 순도 따주었다. 망설이고 기다리는 사이 순이 자라서 어느 것이 본 줄기인지 구별되지 않았다. 본줄기도 순도 모두 휘청거리고 있었다. 순에서 꽃도 피고 방울방울 열매도 열렸다.

'그대로 기를까? 지지대에 줄기 두 개를 묶어볼까?'
잠시 생각해보았다. 망설이다가 바닥에 푸짐하게 널부러진 순부터 매정하게 땄다. 다음 날도 땄다. 어제 보이지 않았던 순이 또 나와 있었다. 요 며칠 그렇게 했다.

"이것 보세요. 누가 제 방울토마토 머리를 땄어요. 제 토마토는 이제 순 따지 마세요. 머리가 없어서 순을 키워야 해요."

'와! 이런 통찰이. 순은 무조건 따서 버려야 하는 것이 아니라 상황에 따라서 순도 이렇게 소중한 줄기가 되는구나.'
머리 대신 순을 키울 수 있다는 생각은 하지 못했다. 똑순이의 부탁을 새겨야겠다.

'순을 키워야 해요.'

20일, 원장에서 교장이 되기까지

♡

개학 다음 날, 안전요원 대신 통학버스를 탔다. 7시 30분. 학교 앞 큰길에서 1호차를 기다렸다. 나름 따뜻하게 플리스 자켓을 챙겨 입었는데 너무 추웠다. 5분도 안 되어 모자를 썼다.

40분이 되니 차 여러 대가 학교로 들어갔다. 2호차 운전기사였다.

"왜 이렇게 일찍 나와 계세요."

2호차 안전요원은 근처에 살아서 걸어왔다.

"추우시겠어요."

차 한 대가 지나가면서 창문 열고 인사했다. 운전하는 배우자에 가려 누굴까 고민하는 사이 차는 멀어졌다. 뒤따라 오던 차에서 조리실무사도 큰 소리로 인사했다.

이른 아침부터 노량진 새벽시장만큼이나 활기차다. 우리 직원들이 이렇게 빨리 하루를 시작하는지 잊고 지냈다. 직원들이 매일 이렇게 맡은 역할을 열심히 하는 것을 당연하게 생각했다. 나도 일찍 출근한다고 생각했는데 학교는 더 일찍 시작하고 있었다.

H아파트에서는 학생 30명이 승차했다. 학기 초라서 그럴까? 저학년이어서 그럴까? 보호자들이 아이 손을 잡고 기다리고 있었다. 보통은 학생들이 한 줄로 서있는데. 보호자와 학생이 섞여 승강장을 꽉 메웠다. 아이가 버스에 타면 앉은 자리를 눈으로 쫓아 버스밖에서 따라갔다. 아이가 왼쪽에 앉으면 버스 뒤로 돌아서 차도로 나가 아이 앉은 자리 창가 옆에서 손을 흔들며 애틋하게 이별했다.

빠이빠이 하는데 보이지 않는다고 내측에서 창측으로 자리를 바꾸어 달라는 보호자도 있었다. 아이 바라기! 나도 딸아이를 그렇게 키웠다. 되돌아 생각해보니 내가 딸아이 주위를 맴맴하여 아이의 자립시기가 늦어졌다는 것을 이제 깨달았다.

　탑승한 학생들을 확인하였다. 이름을 다 외우니까 졸업하게 되고 이젠 신입생들과 또 친해져야 할 시간이다.
"이민수"
불러도 대답이 없다.
"민수, 안 탔니?"
"저 우는 아이가 이민수예요."
민수는 엄마 손을 잡고 놓지 않았다. 학교 가기 싫다고 애를 먹여 꼴찌로 간신히 버스에 태웠다. 보호자 걱정이 한가득이었다. 그 아이는 학교까지 오는 10분 내내 울다가 내릴 때는 그쳤다. 다행이었다.

　1회 차량 탑승한 아이들을 학교에 내려주고 2회차 L아파트를 갔다. 20명 학생들이 줄을 서 있었다. 그렇지! 나도 모르게 감탄이 나왔다. 5학년 여학생이 내 손을 잡고 흔들었다. 강아지를 안고 서있던 보호자가 물었다.
"담임선생님이야?"

"아니. 교장선생님."

이 무던함도 학교를 신뢰하고 보내는 평범한 보호자의 마음으로 생각되었다. 게다가 나를 젊게 봐주어서 좋았다.

"오, 죄송해요. 추우신데 차에 들어가서 기다리세요."

보호자의 이 한마디가 아침 언 몸을 녹였다. 따뜻한 커피를 마신 것처럼.

학교에 도착해 학생들 하차를 도와주고 행정실에 가서 인사했다.

"큰 길가에서 웬 하얀 곰돌이가 뱅글뱅글 돌고 있어서 누군가 했어요."

"그게 저예요. 추워서 가만히 서 있을 수 없었어요."

행정실장이 웃어서 죄송하다고 했다.

그래서 등교맞이용으로 롱패딩을 구입했다. 이렇게 따뜻한 것을 그동안 왜 춥다고 했던지 참 미련하다는 생각이 들었다. 롱패딩은 교장의 겨울나기 필수 아이템이다. 3개월은 거뜬히 따뜻하게 보낼 수 있다. 멋내기 위해 얼어죽어도

코트를 입은 것이 아니라 겨울에 밖에 있을 일이 없어 그냥 패딩이 필요하지 않았을 뿐이었다.

급식실에서 배식하는 조리실무사에게 말했다.
"왜 이렇게 학교에 일찍 오세요?"
"학교가 좋아서요."
'안녕하세요.' 아침인사만큼 씩씩하고 유쾌했다. 급식도 맛있는데 애교까지 덤으로 얹어주었다.

1학년 1반이 학교 둘러보기 시간에 교장실에 왔다. 지난주에는 2반이 예쁘게 한 줄로 서서 들어왔다. 어쩜 이렇게 다를까? 1반은 등장부터 심상치 않았다. 갑자기 교장실 등이 깜빡깜빡했다. 행정실에 연락해야 하나 생각했는데 복도가 시끌시끌하였다. 담임교사 목소리가 들렸다.
"준아, 그것 껐다 켰다 하면 안 돼."

'똑똑'
1반이 등장했다. 13명인데 26명은 되는 것 같았다. 벌써

2명은 내 책상 안쪽으로 들어갔다 나왔다 하며 책상 위에 있는 것들을 만졌다.

"반지가 예쁘다."

첫인사치고는 참 유쾌했다. 얼마 전까지 유치원에서 다녔으니 처음 보는 내 손을 만지는 것도 너무 자연스러웠다. 나만 당황스러웠다.

"학교에 오니까 어때요?"

신입생들 생각이 궁금했다.

"학교가 넓어요."

"급식이 맛있어요."

"간식이 맛있어요."

교장실에 온 기념으로 초콜릿을 하나씩 주었다.

"나 또 오고 싶다."

"나도."

입학식에서 '나는 알죠?' 말한 아이가 기습적으로 안겨 부비었다. 다른 아이들도 금방 따라 했다. 내가 더 놀랬다.

복도를 지나면서 버스에서 울던 아이에게 말했다.

"이젠 안 울지?"

담임교사는 그 학생이 우는 줄도 모르고 있었다. 버스에서 내릴 때까지 운다고 했더니 갸우뚱했다. 아이들은 참 알 수 없다. 언제 울었냐는 듯 천연덕스럽게 친구들과 놀고 있었다.

어느 날은 도로사정으로 평소보다 늦게 출근했다. 내차 바로 뒤에 통학버스가 따라왔다. 주차하고 뛰어와보니 학생들은 현관을 들어가고 있었다.
"안녕? 어서 와."
맨 마지막에 가는 신입생이 거침없이 물었다.
"원장선생님, 오늘은 왜 늦게 왔어요?"
신입생들이 손을 흔들었다.
"원장선생님이다."
신입생들은 아직도 유치원에 다니고 있었다.

올해 신입생 중에는 자기 빛깔이 강한 아이들이 많았다. 어떤 아이는 복도에서 하루도 같은 동작으로 걷지 않는다고 했다. 화장실에 가면서 왼쪽 음수대 한 번 손으로 치고, 오른쪽 교무실 문 열고, 보건실도 열어보고, 오른쪽 남자 화장실도 들여다보았다. 그 친구가 행정실 문도 열었다. 행정실장이 모르는 척 물었다.

"이름이 뭐야?"

아이가 검지손가락으로 행정실장 볼에 대서 깜짝 놀랐다고 했다.

"그러게. 알면서 왜 물어보셨어요? 알면서."

교감선생님이 검지손가락을 돌리는 흉내를 내었다.

한 명 다독이면 다른 아이가 드러나고 또 그 아이 다독이면 다른 아이가 드러나며 그렇게 하루를 보낸다고 했다. 두더지게임을 하는 것 같기도 하고 팝콘을 튀기는 것 같기도 하다고 했다. 담임교사한테는 미안했다. 우리 학교 좋다고 해서 왔는데 취업 사기당한 것 같다고 해서 웃었다.

"한 달만 지나 보세요. 표현력이 좋아서 수업이 재미있을 것 같아요."

이제 수업이 된다고 했다. 신입생들도 학교에 적응하며

성장하고 있었다. 초등학교 교사들은 참 대단하다.

여느 때처럼 등교맞이를 끝내고 교무실에 왔다. 어제 친구네서 노느라 연락이 안 되어 엄마가 걱정했다는 아이, 가방을 두고 몸만 내린 아이, 그 가방을 들고 내린 기특한 아이로 할 이야기가 아주 많았다. 매일 울던 아이가 친구 가방을 챙겨 내렸다. 제법이었다.

교무실 문이 살짝 열려있었다. 신입생 대여섯 명이 복도를 지나가다가 교무실을 빼꼼 쳐다보았다. 신입생들은 각자 느낀대로 한 마디씩 하고 지나갔다.
"교무실 교장선생님 있다."
"교감선생님 승진도 시켜주고 아이들이 고맙네요."
내가 말했다.
"난 교장선생님은 교장실에 있는 줄 알았는데 교무실에 있네."

"교장선생님이다! 교장선생님은 왜 맨날 춥게 입고 다녀요?"

외모에 관심이 많은 학생이 돌직구로 물었다.

"교장 선생님, 왜 애들 걱정하게 만들어요. 내일부터는 털옷 입고 다니세요."

교감선생님이 말하였다. 신입생 덕분에 날마다 한바탕 웃는다.

"나는 나름 트렌치코트도 챙겨 입었는데 스커트를 입어서 그런가 봐요."

교육의 힘은 참으로 위대하였다. 20일이 지나 나는 원장선생님에서 교장선생님이 되었다. 유치원 원아는 드디어 1학년 학생이 되었다.

제 이름을 잊지 마세요

"교장선생님, 저희 왔어요. 중간고사 끝나서 왔어요."

깜짝 놀랐다. 졸업생들이 조금 열린 문을 활짝 열고 우르르 교장실로 들어와서 넉살 좋게 이야기했다.

"교장선생님은 작년보다 더 멋지시네요."

"오~~ 사회성이 뛰어난대?"

"이래야 저도 살죠."

이 아이들, 작년 축구대회가 끝나고 떠들썩하게 교장실로 왔었다.

"교장선생님, 잘 다녀왔습니다."

인솔교사가 뒤따라 올라왔다.

"어, 학교 도착하면 선수들과 같이 인사하자고 약속했는데 안 왔어요?"

"선생님, 아까 다 왔다 갔어요. 얼마나 당당하게 인사하는지 난 우승한 줄 알았어요."

7:0으로 지고 와서도 행복한 아이들이었다.

내가 돌아가며 학생 이름을 모두 맞추었다. 마지막 한 학생 이름이 기억나지 않았다. 잠시 망설였다. 여학생이 금방이라도 울 것처럼 물었다.

"제 이름은요?"

이름이 특이했는데 생각나지 않았다. 어쩌면 이 학생 빼고 모두 이름을 기억하고 있다는 것이 더 신기했다. 다행히 교복에 명찰이 있어서 실수하지 않고 대화할 수 있었다. 말없이 고개만 꾸벅 인사하던 친구인데 당당하게 말하는 것을 보니 자랑스러웠다.

"이 막대사탕은 교장선생님이 좋아하는 건데 하나씩 나누어 먹자. 동생 있으면 하나 더 가져가도 돼."

중학생도 사탕을 참 좋아했다.

"저는 2과목 100점, 평균 92점."

"소민이는 84점."

자기 이름을 대며 묻지도 않은 평균을 말했다.

한 아이는 과학 시험지를 펴고 핸드폰을 보면서 채점하였다.

"아싸 한 개 틀렸다."

"한 개여도 몇 점짜리인지가 중요하지."

"교장선생님, 저 앞머리 내리는 게 나아요, 까는 게 나아요?"

내내 손거울을 보며 빗질을 하던 똑순이 연하가 물었다.

"내리는 게 훨씬 예뻐."

교장실 벽거울로 가서 앞머리를 내리더니 다시 의자에 앉았다 거울로 갔다를 반복했다.

"가영아, 너 머리 잘랐어?"

"아 그런 얘기는 우리끼리 있을 때 해. 지금은 교장선생님 계시잖아."

똑순이의 뜻하지 않은 배려였다.

"교장선생님, 5, 6학년 수학여행 제주도로 가서 부러웠어요."

"저 강인이랑 닮았어요?"

우유에 하트를 그려주던 학생이 게시판에 있는 5학년 동생 사진을 가리켰다.

옹기종기 모여서 하나, 둘, 셋, 넷, 다섯 찰칵 사진도 찍었다.

"배구 선생님 오셨죠? 우리 강당 가보자."

"기말고사 끝나면 또 올게요."

중학교 생활에 대해 이야기하다 보니 교장실이 간만에 시끌시끌 들썩였다. 전출간 담임교사에게 안부도 물을 겸 사진을 보내주었다. 학생들이 영상통화를 하고 싶다고 전해주었다. 강당에 가보니 3학년 학생들 배구 방과후수업에서 선배로서 시범을 보이고 있었다.

하교 차량을 배웅하러 나왔다. 통학버스 앞에 있는 졸업생들과 대화를 이어갔다. 웹툰에 소질 있는 세진이는 어른처럼 이야기했다.

"넌 아저씨 같이 말한다."

옆에 있던 교사가 말했다.

"다른 사람들은 저보고 아줌마 같다고 해요."

훌쩍 커버린 남학생이 그렇게 말해서 얼마나 웃었나 모른다.

버스가 출발하고 학교는 한없이 고요했다. 날도 좋고 잔디운동장도 초록초록하였다. 이 학생들과 행복했던 추억이 오롯하게 느껴졌다. 출장 갔을 때 교감선생님이 보내준 잔디밭에 피어난 보라색 클로마티스처럼. 가뭄의 단비를 맞고 식물이 초록초록하듯 나도 오늘 생기를 찾았다.

'얘들아, 고맙다!'

하나가 되는 순간들

한 세트도 안 내주었다

"교장선생님, 올해는 이 '준'자를 빼야 돼요."
한 학생이 현관에 진열된 작년 우승컵을 보며 말했다.
"그래. 준우승에서 우승하면 좋겠다."
"저 중학교 가면 배구 못해서 졸업하기 싫어요."
선수들은 추울텐데 봄부터 반소매 유니폼을 입고 다녔다. 배구로 학교가 활기찼다. 학생들은 바빠졌다. 요일을 나누어 배구와 로봇축구를 하고 도서관 행사와 학교 홍보 기사도 작성하였다.

교육장배 초등학교 배구대회가 열렸다. 4~6학년 12명으로 구성된 배구부는 아침, 점심시간에 자발적으로 연습을 했다. 예선 두 팀을 2:0으로, 준결승도 2:0, 결승에서도

2:0으로 여유 있게 우승하였다.

선수들은 돌아가며 배구강사와 영상통화로 흥분된 마음을 전하였다. 아이들도 배구강사의 정성과 노고를 느끼고 있었다.
"선생님, 저희 우승했어요."
"그래. 축하해. 너무 잘했어."

학생들이 먼저 연습하고 있어서 체육관에 안 갈 수 없었다는 담당교사의 노력은 대단했다. 대회가 끝난 날도 퇴근하면서 말했다.
"내일 점심시간에도 나도 모르게 체육관에 가 있을 것 같아요. 학생들이 발전하는 것이 보여 보람을 느꼈어요. 주전이 아닌 친구들도 하루도 빠지지 않고 더 먼저 와서 연습해 주어서 고마웠어요. 배구부 학생들은 어떤 일을 하더라도 잘할 것 같아요."
"저도 그렇게 생각해요. 학생들이 선생님 덕분에 좋은 경험을 했어요."

"교장선생님, 저 천안 발령 안 나면 내년에 배구부 다시 해보고 싶어요. 이 학생들은 내년에 이 활동 다 하지 않으면 아마 심심할 거예요."

선수들이 학교에 도착하자 직원들이 현관에 나와서 환호해주었다. 학교운영위원장님이 응원하러 와서 우승 소식을 동문에게 전했다. 총동문에서는 후배들을 자랑스러워하며 포상금을 주었다. 교직원 단체톡도 축하 메시지로 훈훈했다.

로봇축구의 메카

로봇축구대회에서 3년 연속 우승을 거두었다. 총 17팀 중에 본교는 두 팀이 참가하였다. 6강 대결에서 본교 두 팀이 겨루었다. 동점으로 승부차기를 여러 차례 했다. 승부가 안나 공 5개를 가지고 먼저 한 골을 넣는 팀이 우승하는 경기를 했다. 맨체스터앨레강스팀이 우승하고 마동석팀은 져서 울다가 햄버거 주니 뚝 그쳤다고 했다.

다음 날 등교하는 친구를 기다리는 6학년 학생들에게 로봇축구대회 소감을 물었다.

"두 팀이 결승에서 만났으면 바랬는데 6강에서 만나서 아쉬웠어요."

"우리 팀이 져서 속상했지만 누리초가 우승해서 괜찮아요."

2회 차량 버스에서 6학년 학생들이 내렸다. 선수들은 막 대회가 끝난 것처럼 아직도 들떠 있었다.

"어제 말을 너무 많이 해서 목이 아프다."

"나는 팔이 잘 안 돌아간다."

"나는 실내화를 집에 두고 왔다."

"나도."

대외활동 경험이 많아 의젓하다고 생각했는데 어린아이들 맞다. 6학년들의 행복한 수다로 하루를 시작했다.

선수를 선발할 때는 순위대로 먼저 한 팀을 만들고 차순위로 다른 팀을 구성하였다. 점심시간마다 영어실 복도 바닥에 마주보고 앉아 연습하였다. 경기하는 친구와 로봇을 고쳐주는 친구의 팀웍이 잘 맞아서 다른 학교와는 비교 불가라는 심사평을 들었다고 했다.

맨체스터앨레강스팀의 우승은 우리들의 생각을 뛰어넘었다. 한 교사가 말했다.
"저는 이번 로봇축구대회가 매우 의미 있다고 생각해요. 두 팀이 충분히 연습하여 서로 실력도 키울 수 있었고 잘하는 팀이 우승한 것보다 덜 잘해도 노력하면 할 수 있다는 자신감을 심어준 좋은 시간이었던 것 같아요."

선생님 이름 뭐야?

환경주간을 맞이하여 '내일을 바꾸는 작지만 확실한 행동'이란 주제로 학생들은 생태환경 관련 책 읽기 행사를 했다. 누리터울림기자단이 도서관에 있는 생태환경 관련 도서를 꺼내 모두 전시하였다. 학생들은 전시된 책을 대출하여 읽고 지구를 지키기 위해 실천할 일을 적었다. 28일 열리는 알뜰장터까지 연결하는 긴 프로젝트였다. 기자단은

이 도서관 행사를 기사로 작성하였다.

거창하지 않았다. 어렵지 않게 준비했다. 보여주기는 더 더욱 아니었다. 기자단이 주도하도록 시스템화한 담당교사의 책에 대한 진심이 105명 학생들에게 전해졌다. 중도입국한 4학년 친구도 베트남어로 적었다. 이 학생은 학교에 온 지 40일 정도 되었는데 반 친구들 이름을 다 외웠다. 그리고 책 대출도 셀프로 하더니 행사 선물 사탕도 야무지게 챙겼다.

점심시간에 조회대에서 4학년 여자 친구들이 술래잡기를 하였다. 학교를 순회하다가 그 곳에 갔다. 중도입국한 친구가 물었다.
"선생님 이름 뭐야? 교장?"
동시에 한 친구가 화단에 있는 나무를 물었다.
"이것은 뭐예요?"
"이것은 남천이야. 남 천. 단풍과 빨간 열매 예쁘지?"
옆에서 듣고 있던 사랑스런 베트남 친구가 말했다.

"선생님 이름 남~천?"

동시에 질문을 받고 내가 적절하게 대답하지 않았다는 것을 알게 되었다.

"선생님 이름은 박창옥 교장선생님이야."

전교회장단 공약을 실천하다

"급식실 앞 놀잇길 옮겨도 되나요?"
"그럼 되지. 어디로 옮기고 싶어?"
"교실 앞이나 잔디 운동장 주변으로요."
"놀잇길을 옮기기도 하고 페인트칠도 하려면 놀잇길 정비라고 하면 좋겠구나."

급식실 앞에 놀잇길이 있었던가? 얼마나 많은 아이들이 놀았는지 희미한 흔적이 긴 세월을 담고 있었다.

전교학생회 후보자들이 선거를 앞두고 나를 찾아왔다. 첫 후보자가 찾아왔을 때는 생각했다.
"이 후보자는 공약사업에 진심이구나. 기특하다."
후보자가 줄줄이 왔다.
"전교학생회 후보자들이 교장실에 와서 공약에 대해 물어보았어요. 올해 학생 자치가 활성화되어서 그런가 봐요."

교무실에서 내가 자랑스럽게 말했다. 담당교사가 후보자들에게 공약사업이 실천 가능한지 다른 교사한테 도움을 받으라고 했단다.

"아, 후보자들이 저한테 와서 묻길래 제가 교장선생님께 최종 확인하는 것이 좋겠다고 했어요."

웃으며 말하는 이 교사. 이제 이해가 갔다. 나도 따라 웃었다.

"1학기에 스포츠 리그전 가능해요?"

"언제 하고 싶어?"

"점심시간이나 중간놀이 시간에요."

"좋지!"

"나눔장터 학기에 한 번 해도 되나요?"

"작년 나눔장터가 인상적이었구나. 횟수는 다모임에서 정하면 좋을 것 같구나."

"우리 학교 상징하는 캐릭터 공모 공약사업 어때요?"

"준아, 멋진 아이디어네. 선생님도 미처 생각하지 못했네. 기대된다."

전교학생회 회장과 부회장 선거가 있었다. 2~5학년 학생들이 투표하였으며 학생들 의견을 반영하여 올해는 종이 투표 방식을 선택하였다. 담당교사는 공약 실천 가능 여부, 학생 참여예산 안내, 후보자 사퇴 공고 등 꼼꼼히 추진하였다. 또 학생 선거관리위원회를 구성하여 회장과 부회장 색을 달리한 투표 용지 배부, 2번 접어서 넣는 것 지켜보는 3학년 참관인, 개표까지 선거관리위원회의 역할을 안내하여 투명하게 선거 절차를 진행하였다.

전교회장과 부회장은 1년 동안 학교의 행사를 주도하고 공약을 실천하기 위해 노력하였다. 교육과정설명회에서 보호자들한테 누리초의 꽃 학생자치에 대해 자랑하였다. 학교 밖으로 표시나는 성과는 아니지만 학생들이 스스로 배움을 찾아 꿈틀꿈틀 변화하는 모습에서 주도성이 느껴졌다. 이번 선거는 리더 선출을 넘어 민주주의의 가치를 실천하는 소중한 경험이 되었다.

등교하면서 깜짝 놀랐다. 현관 앞에 물고기 징검다리, 운동장 보도블럭과 교사동 앞 화단 중앙, 급식실 앞에 퇴색된 놀잇길은 흰색, 분홍색, 연두색 등으로 색칠하였다. 급식실 앞 퇴색된 공터가 달팽이 놀잇길로 부활하였다. 원미산 공원에서 열린 어린이날 잔치에서 부천 아이들과 신나게 놀았던 추억을 되살리기 충분했다. 학생들도 학교에 오면 깜짝 놀라겠다.

"얘들아, 놀잇길 그렸다. 이제 스포츠 리그전과 나눔장터만 실천하면 되겠네."

3월 누리초 캐릭터를 공모하였다. 모두 보고 그릴 수 있고 누리초 의미을 담고 있어야 한다는 전제 조건을 달았다. 공약을 세운 전교부회장 5학년 준이가 수합하였다. 최종 6편을 선정하여 전교생 투표를 하였다.

6학년 이민지 학생의 '국향'이 선정되었다. 선정된 작품을 AI가 보완하여 선명하게 완성하였다. 그 캐릭터를 학급에서 활용할 수 있도록 스탬프로 만들었다. 학생이 직접 제안하여 공모하고 선정된 캐릭터, 이 캐릭터는 그 어떤 훌륭한 디자인보다 가치 있었다. 학생들이 만들어가는 학교, 자치활동 담당교사의 센스가 돋보였다.

나눔장터를 열기 위해 교원 협의와 학생 다모임으로 계획을 점점 구체화하였다. 화폐를 사용할지, 물물교환할지, 화폐를 사용한다면 실제 화폐와 모형화폐 중 어느 것을 사용할 것인지 이야기를 나누었다. 물건가격은 어떻게 정할 것인가? 물건을 판매하는 학생과 구매하는 학생을 어떻게 구분할 것인가? 전체 학년이 전과정 할지 학년별 구분해서 시간을 정할 것인가? 진열할 물건은 체육관 바닥과 책상 위 중 어디에서 할 것인가? 나눔할 물건은 언제까지 어디로 가져와서 누가 분류하는가? 어떻게 운영하는 것이 교육적 가치가 있는가? 등 결정할 사항이 너무 많았다.

물품 가격은 5등급으로 나누고 파는 학생이 직접 가격을 정하였다. 모든 학생이 물품을 가져오게 하고 모든 학생에게 수막대 모형 화폐를 주었다. 물품을 준비할 수 없는 학생은 교사들이 살짝 챙겨주었다. 수막대는 추후 저학년 수학 교구로 사용하였다. 나눔할 물건은 깨끗하게 세탁해서 가져오게 했다. 학생들은 우리가 생각하는 것보다 똑똑하였다. 팔리지 않은 물품은 할인도 하였다. 학생들은 며칠 전부터 푸짐한 쇼핑백을 들고 등교하였다.

"교장선생님, 나눔장터에서 학부모회는 '팝콘이 팡팡' 코너를 운영할 거예요."
"선생님 어떻게 그런 기특한 생각을 했어요?"
"학부모가 교육활동에 함께하면 학교를 신뢰해서 민원도 적어질 거예요. 학부모 참여가 시작되는 계기도 되고요."
"선생님 제 말이 딱 그거예요. 멋져요!"

나눔장터인데 새 물품을 사와서 팔고 있는 학생들도 있었다. 이것이 나눔장터의 성격에 맞는지 사후협의도 하였다. 올해의 나눔장터는 어떤 모양으로 운영될지 기대하고 있다.

전교부회장은 희망급식 메뉴를 제안하였다. 의견함을 급식실 앞에 설치하고 직접 집계를 낸 다음 영양사와 협의하여 월 2회 희망 메뉴를 정하였다. 5월은 마라탕, 뿌링클 치킨, 6월은 마라소스 로제 찜닭, 치즈떡볶이, 7월은 돈코츠 라멘, 푸딩, 9월 마라샹궈, 빠네단호박스프, 10월은 자장면, 블랙타이거 새우치즈구이, 11월은 핫도그, 아이스크림이었다. 대체로 유행하는 메뉴여서 학생들은 희망 메뉴가 나오는 날을 매우 좋아하였다.

영양사가 교육과정평가회에서 말하였다.
"학생들 희망 메뉴가 대부분 당이 많아 식단을 짤 때마다 고민입니다. 그래도 내년에도 해야겠지요?"
"영양사님 고맙습니다. 학생들이 만들어가는 학교를 위해 내년에도 반영해주면 좋겠습니다."

와! 커플, 봄날의 꽃 같아요.
야, 노랑이 와서 붙어.
저는 달고나예요.
저도 노랑이 조금 있어요.
야, 빨강이도 와.
두 분이 공연 나가도 되겠어요. 붙어보세요.
아침마다 두 분이 카톡하세요?

2장
똑똑, 교장실입니다

보석 같은 사람들, 나도 빛이 되었던 3년

'선배님이 쏜다' 운동회 실화인가요?

특별한 하루 이야기

모교를 살린 우렁각시들

교사의 삶을 마주하다

교사 연수 아니고 전학 상담입니다

보석 같은 사람들, 나도 빛이 되었던 3년

"안녕, 어서 와. 와! 머리띠 예쁘다."

교감선생님과 등교 맞이를 하였다. 45인승 버스 2대가 학생들을 한참 내려주었다.

태풍이 온 날, 텃밭 담당교사가 천안에서 가장 먼저 출근했다. 장화를 신고 쓰러진 토마토 지지대를 바로 세우고 있었다. 농사에 대해 아무것도 몰라 학기 초에는 트렉터로 밭을 가는 꿈도 꾸었다고 했다. 시설관리원은 완전 무장을 하고 교사 앞 잔디를 깎고 있었다. 3주 전 방과후학교 공개수업 주간에 깎았는데 다시 그만큼 자랐다. 비는 정말 대단하다.

잔디운동장 주변 트랙에는 시니어 여덟 분이 한 트랙에 한 분씩 앉아서 잡초를 뽑고 있었다. 엉덩이에 동그란 의자를 매달고 앉아서 호미로 밭매듯이 차곡차곡 흙을 긁었다.

굵은 흙을 흔들어 잡초를 골라서 비료 푸대에 넣었다. 교감 선생님이 하이톤으로 말하였다.

"안녕하세요? 앉아서 달리기하는 것 같아요. 남자 어르신이 1등입니다."

여느 때처럼 2회차 통학버스가 올 때까지 외부시설을 순회할 참이었다. 그 때 주무관이 차를 일부러 교문 앞 주차장에 세우고 시설을 살펴보았다. 우리도 주무관과 같이 한 바퀴 둘러보았다. 그레이팅 위에 쌓인 낙엽을 손으로 치우고, 수로 옆 보도블럭이 무너진 곳도 살피고, 부러진 나뭇가지를 치웠다. 조회대 창고의 콘센트함 덮개가 부서진 곳은 사진을 찍었다. 체육관 뒤에서 낡은 포대 자루도 주워서 들고 갔다.

주무관과 시설관리원은 사다리를 들고 2층으로 올라갔다. 주무관이 사다리를 타고 누수되는 벽면의 창문을 넘어갔다. 발코니에서 공사 잔해물과 쓰레기를 꺼냈다. 쓰레기가 물이 내려가는 작은 관을 막고 있어서 비가 벽으로 들어

온다고 하였다. 외벽에 패널을 붙여놓아서 화사하지만 누수되면 내부 상태를 볼 수 없는 것이 아쉬웠다. 본교에 부임한 지 삼 일, 주무관은 막힘없이 이 일을 다 하였다. 주무관이 온 후로는 시설 걱정이 없다. 세상 사람들 모두가 오늘 아침 도화지 속에 그려진 누리초 풍경처럼 평화로웠으면 좋겠다.

주말에 눈이 많이 내렸다. 아파트 지하주차장에 이중 주차되어 있어 운전자 세명이 이리저리로 밀다가 결국은 차주한테 전화했다. 평소보다 20분 늦게 출근하였다. 통학버스는 별일 없는지, 교내 보도는 미끄럽지 않은지 걱정스러웠다. 작년 겨울에 통학버스 문이 고장 나서 애먹은 일이 떠올랐다.

세상에! 교문을 들어서니 어릴 적 할아버지가 대비로 싹싹 쓸어 놓은 마당처럼 너무 말끔했다. 행정실 직원들이 길을 내고 있었다. 행정실장은 염화칼슘을 실은 리어카를 끌고 뿌리고 시설관리원은 남은 눈을 바람으로 날리고 있었다. 주무관은 아침에 바쁠 것 같아 어제 출근해서 눈을 치 웠다고 했다. 교감선생님은 행정실 식구들 준다고 따뜻한 빵을 사가지고 왔다. 행복한 학교는 이렇게 구성원의 노력 이 모여 만들어졌다. 당연한 것은 하나도 없다.

주무관은 발령 인사말로 교육과정을 지원하겠다고 했다. '교육과정 지원'이란 고급스런 용어를 사용하였다고 교사들이 환호했다. 행정실장은 교육과정평가회 때 교무실과 협력체제 구축을 최우선으로 생각했는데 잘한 것 같다고 했다.

"잘한 정도가 아니라 너무 잘했어요. 교무실로 책상 옮겨 드릴까요?"

내가 농담처럼 말했지만 진심이었다. 사람 한 명이 꽁꽁 언 호수를 점으로 시작해 주변을 사르르 녹였다. '봄바람 살롱살롱' 낙성대에서 갔던 미용실 간판이 문득 생각이 났다.

"행정실장님~~"

점심을 먹고 학교를 순회하는데 운동장에서 6학년 여학

생 두 명이 눈사람을 만들다가 손을 격렬하게 흔들었다. 행정실장은 우리들의 운동장 반대편에서 있었다. 교육장기 배구대회를 앞두고 교직원과 학생 선수들이 경기를 한 적이 있었다. 1세트는 선수들한테 내어주고 2세트는 교직원이 이겼다. 점수 차이가 고만고만해서 학생들의 사기가 하늘을 찔렀다.

"성호야, 가운데로 말고 교감선생님한테 넣어. 행정실장님 다 받아."

서브를 넣는 학생한테 다른 선수가 코치했다. 교감선생님이 웃으며 말했다.

"지금 내가 구멍인 거야?"

그 뒤로 학생들은 행정실장과 배구 이야기를 하며 아주 친해졌다.

"교장선생님~~"

'그러면 그렇지. 나도 보았구나.'

참 살가운 녀석들이다. 행정실장은 유치원 시설도 살펴보고, 점심시간에 체육관에 가서 배구하는 학생들 응원도

해주고, 체험학습 가는 학생들 배웅도 해주었다. 물동이를 이고 셋이 대화하며 걸으니 하나도 무겁지 않다. 같이 걷는 교감선생님과 행정실장이 있어서.

천안으로 발령난 교사 두 명의 임지에 동행하였다. 2년 만에 천안 발령이 날 것이라고는 아무도 생각을 못했다. 발령난 교사도 남은 교사들도 모두 당황스러워했다.
"이럴 줄 알았으면 저도 내신 쓸 걸 그랬어요."
2년 전에 천안에서 5명이 함께 우리 학교로 발령받았다. 속마음으로는 내심 교사들이 1년 더 있다가 갔으면 했다. 아쉬웠지만 선생님들 생활근거지로 가니 축하해주었다. 내신을 내지 않은 교사들은 나보다 더 아쉬워 하였다.

두 교사는 동남구 소재 학교에 발령받았다. 우리가 살던 아파트 근처였다. 슬리퍼 신고 걸어다녔던 그 길을 자동차로 갔다. 천안역과 복자여고, 버스터미널과 신세계백화점 모두 정겨웠다. 천안에서 살았던 2년은 우리 가족에겐 길고도 짧았던 소풍이었다. 친절한 세탁소 아주머니는 여전히 영업하실까? 어제 뵌 듯 반가울 것 같다. 마땅히 걸을 곳 없던 곳이기에 머리에 햇살 받으며 샛강 따라 천호지까지 산책했던 기억도 떠올랐다.

내가 살던 아파트 동네에서 텃밭 담당교사와 오붓하게 차를 마셨다.

"제가 휴직을 많이 해서 실 근무 경력과 휴직 경력이 비슷해요. 지금까지 교직생활 중에 누리초 2년이 가장 좋았어요. 발령난 학교가 생활하는 집이라면 누리초는 별장 같아요. 저에게 보석 같은 시간이었어요. 지금까지 교장, 교감선생님과 차를 마시거나 사적인 이야기를 나눈 적이 없어요. 누리초는 교장선생님과 교감선생님 두 분이 사귀는 것 같아요."

교사는 방학 때 다녀온 런던, 파리, 로마, 스페인 국외연수 이야기를 하였다. 나도 가족여행을 떠올리며 대화를 이어갔다. 에펠탑과 바토무슈, 샹제리제 거리 등 여행 이야기는 끝이 없었다. 나도 설레었다.

방금 다녀온 부임교 교감선생님이 전화를 하였다.

"선생님, 부장교사를 희망하지 않았는데 혹시 학년부장 가능할까요?"

서로 부장교사를 하지 않으려고 해서 교감선생님이 애먹는 것 같았다. 큰 학교는 대체로 그렇다. 이 교사는 희망하지 않지만 거절하기 어려워 고민하고 있었다.

"선생님, 선생님이 희망하지 않았는데 묻는 걸 보니 업무배정이 어려운가 봐요. 학년부장 하는 것 어때요? 자신 없다고 하지만 선생님은 다른 업무를 정성스럽게 하는 것 보면 잘할 거예요."

교사가 헤어질 때 천안 호두과자를 주었다.

"행정실장님이 좋아해서 샀어요. 내일 학교에서 같이 드세요. 선생님들과 아이들이 이렇게 행정실장님을 잘 따르는 것은 처음 봐요."

석면 해체 공사하느라 행정실이 진짜 고생하였다. 교직원이 서로 챙겨주는 마음이 참 따뜻했다. 나는 교감선생님과 행정실장이 쌓은 덕을 누리며 잘 지냈다. 두 분 포함한 교직원들이 나에게도 보석 같은 3년을 만들어주었다.

    대설주의보 문자를 받고 통학차량 걱정이 되어 7시 50분 출근하였다. 벌써 교감선생님과 시설관리원이 출근해서 1, 2층 나누어 교실마다 온풍기를 켜놓았다. 직원들 출근하면 추울까봐 일찍 와서 배려하는 행동을 보고 나도 잠시 잊고 있었던 마음을 다잡았다. 교무실에서 차마시면서 시설관리원이 말하였다.
    "교감선생님이 교장선생님과 원한 관계 있나 교장실은 온풍기 안 켜서 제가 켰어요."
    우리 둘이 빵 터졌다. 시설관리원은 어쩌다 한 번 말하는데 빙판길 걱정 싹 녹여주었다.

    브라운 캐릭터 실내화 어때요? 행정실장이 새내기 교사에게 젊은 감성에 어울리는 선물을 해주었다고 교감선생님이 전해주었다. 나는 오늘에서 알았다. 부임한 날 새내기 교사가 낡은 학교실내화를 골라 신었다는 것을. 행정실장한테 오늘도 하나 더 배웠다. 섬김.

새내기 교사는 낯선 이 곳에 집을 얻고 하루에 몇 번 안 다니는 버스를 타고 큰 백팩을 메고 씩씩하게 다녔다. 교재 연구도 하고 운전면허도 따고 열심히 지내는 모습이 참 대견하였다.

"행정실장님, 저희도 실내화 사주세요."

'선배님이 쏜다' 운동회 실화인가요?

눈이 많이 내린 날, 누리초 5회 졸업생 신옥순 씨가 학교를 방문하셨다. 서울에 살고 있는데 승용차에 대용량 쌀과자, 새우깡, 포카칩 등 과자를 가득 싣고 모교에 왔다. 졸업생은 앞좌석에 타고, 뒷좌석은 과자 상자를 천장까지 쌓아 차안이 보이지 않았다.

어릴 적 동네 언니, 동생들과 고무줄놀이할 때 부르던 노래가 문득 생각났다. '장난감 기차 칙칙 떠나간다. 과자와 설탕을 싣고서 엄마방에 있는 우리 아기한테 갖다주러 갑니다.'

"크리스마스를 맞이하여 학생들과 선생님들이 같이 행복한 시간 보냈으면 좋겠어요."

보통 학생들을 위해 간식을 가져오는 경우가 종종 있지만 교사들을 배려하는 섬세함을 갖긴 쉽지 않다. 역시 교육

자였다.

신옥순 졸업생은 며칠 전에 학교를 방문해도 되는지 전화로 물어보았다. 누리초 졸업생들이 방문하는 경우가 종종 있어 단순 모교 방문인 줄 알았다. 차 대접과 학교 안내를 해줄까 생각했었다. 그런데 편지와 발전기금을 주었다.
"이렇게 큰 돈을……"
뭐라고 말을 이을 수가 없었다.
"어떻게 이런 생각을 하셨어요?"
"여기 쓴 그대로예요."
봉투에서 꺼낸 손편지를 내게 내밀었다.

존경하는 선생님들께 올립니다.
저는 누리초 5회 졸업생 신옥순입니다. 오늘까지 분주한 삶을 살아오다가 휴식에 안식을 맞아 쉼을 취하고 있는 어느 날, 아주 옛날에 코 흘리며 선생님의 풍금 소리에 맞춰 '고향의 봄'과 '섬집 아기'를 부르던 생각이 나의 마음을 흔들었습니다. 그리고 내 눈에서는 눈물이 주르륵 흘렀지요.

그리고 엄청난 넓은 마당, 그 넓은 운동장에서 함께 뛰놀던 동무들, 지금은 다 어디에 있을까요. 너무나 보고 싶은 나의 추억의 고향 누리초등학교에 가고픈 마음이 불일 듯 일어났어요. 오늘은 내가 그렇게 그리워하며 가고 싶고 보고픈 누리초등학교에 희망을 품고 방문하게 되어 감사드립니다.

저는 일생에 초등학교 학창 시절이 아주 중요하다고 생각합니다. 그래서 존경하는 선생님들께 부탁드릴 말씀이 있습니다. 제 후배 학생들을 꿈꾸는 소년으로 교육 훈련시켜 주세요. 세상에 빛을 발하는 후배들로 교육 훈련시켜 주세요. 저의 작은 정성이 후배들에게 비전과 꿈을 심어주는 한 알의 밀알이 되기를 기도합니다.

신옥순 졸업생의 마음이 고스란히 전해져 내가 더 뭉클했다.
"선배님, 건강하시고 날 따뜻해지면 봄에 꼭 다시 오세요. 초록 잔디와 파란 하늘, 알록달록 학교 외벽이 꽃과 어우러져 정말 예뻐요."

졸업생은 모교에 왔다는 그 사실만으로도 감동하는 것 같았다. 버킷리스트 1번처럼 좋아하였다. 학교를 둘러보면서 학창시절을 떠올리려 애썼지만 흔적이 없다고 했다. 중앙계단 '자랑스런 선배님' 코너의 5회 졸업사진을 한참 동안 보는 그 모습이 나도 세월을 거슬러 누리초에 다닌 양 추억 속으로 빨려 들어갔다. 흑백 졸업사진 앞에서 우리도 기념사진을 찍었다. 그리고 더 귀한 선물을 주었다. 학생 한 명을 선정해서 성인이 될 때까지 매달 양육비를 지원해주겠다고 하였다.

'어떻게 이런 나눔을 할 수 있을까?'

문득 〈나는 3D다〉의 저자 배상민 교수님이 떠올랐다. 교수님은 아프리카 주민들을 위해 현지에서 생산되는 재료와 기술로 정수기 등을 디자인하여 스스로 고장난 것을 수리하고 경제적으로 독립할 수 있도록 하였다. 교수님이 15년 만에 귀국할 때 어머니가 이렇게 이야기했다고 한다.

"내가 호스피스병동 봉사활동을 가는 날인데 너를 마중하러 공항에 가야할까?"

그런 가정에서 자라서 상위 그룹을 위한 사치 디자인이 아닌 문제 해결을 위한 나눔디자인을 하는 교수님과 신옥순 졸업생이 오버랩되었다.

신옥순 동문의 발전기금을 어떻게 의미 있게 활용할 것인지 교원 협의회를 가졌다. 입학, 졸업장학금은 총동문회에서 지원하고 있어 장학금은 제외하고 의미 있는 교육활동을 고민하였다. 수학여행, 도서구입 등 다양한 의견도 있었지만 어느 교사의 기발한 아이디어로 '선배님이 쏜다' 체육대회를 하기로 결정하였다. 학생들은 다모임에서 '으랏차차! 가을 속으로 풍덩' 체육대회에 입을 티셔츠 색을 정했다. 학년별로 입을지, 팀별로 입을지 협의 끝에 분홍이와 하늘이 두 팀으로 나누기로 하였다. 학생들 스스로 정해서 남녀 구분 없이 분홍과 하늘 티셔츠를 자연스럽게 받아들였다.

체육대회에는 동문과 보호자 100여 명이 참석하였다. 부모는 물론 할머니, 고모, 오빠도 왔다. 이토록 가족이 아름

다울 수가 없다. 준비체조 음악이 나오니 조회대의 운영위원들도 흥이 나는지 의자에서 일어나 따라 하였다. 보호자들은 학생들 경기에 보조 진행하거나 시범 경기에 참여해 주었다.

분홍색과 하늘색 두 팀으로 나누어 에어봉달리기 등 13종 경기를 하였다. 분홍팀은 빨간색 에어봉에 일자로 앉고, 하늘팀은 파란색 에어봉에 앉아 10명이 영차영차! 간식차가 와서 참여한 교육공동체 모두 음료와 츄러스를 먹었다. 간식차의 가로 현수막은 '신나는 하루, 선배님이 쏜다'로, 세로 배너는 '누리초 후배님들을 응원합니다. 맛있게 먹고 재미있게 놀자.'라고 붙였다. 하늘은 맑고 푸르며 초록 잔디 운동장에 진열된 알록달록 경기 물품들이 보는 이들에게 활기를 더해 주었다.

담임교사들도 종일 분홍이와 하늘이 앞에서 찰칵찰칵 사진을 찍었다. 진행자가 말했다.
"보호자님들, 가까이 와서 우리 아이들 사진 찍어주세

요."

보호자들은 멀찍이 사진 찍다가 진행자 멘트가 나오자 경기장 가운데 쪽으로 과감히 이동하였다. 학생들을 따라 이동하며 사진을 찍었다. 보호자들은 점점 신났고 교사들은 학생 관리가 어려워 조금 불편한 기색이었다. 어느 보호자는 '박민지 힘내라' 쓴 판을 들고 응원하더니 급기야 개인 달리기를 할 때 학생과 같이 뛰었다.

프로그램에는 없었는데 진행자가 즉석 청백계주를 진행하였다. 여교사 2명, 아버지 4명, 어머니 4명 나오라고 하였다. 여교사는 아무도 나가지 않았다.
'남교사를 불렀으면 얼마나 좋아.'
마냥 기다리기 어려워 내가 배구 동호회를 하는 허교사의 손을 잡고 나갔다. 나는 백군 1번 선수가 되었다. 출발은 내가 빨랐으나 허교사한테 추월당했다. 담당교사가 보낸 사진을 보니 상황을 명확히 알 수 있었다. 허교사는 나한테 보조 맞춰준 것처럼 편안해 보였고 나는 머리만 앞으로 내밀고 다리는 뒤에 있었다. 마음은 빨리 가고 싶지만 몸이 따라오지 않았다. 넘어지지 않은 것이 다행이었다. 담당교사는 체육대회 3대 감동 중 하나로 내가 청백계주 선수로 뛴 것을 들었다. 한 학생이 엄지척을 해주었다.

조회대에서 멀리 간식차를 보고 있노라니 보호자들도 나들이 나온 듯 신났다. 보호자들끼리 자녀 이름을 부르며 삼삼오오 간식차 앞에서 줄을 서서 커피와 츄러스를 받고 Z세대처럼 폼나게 뒷모습을 찍었다.

"승민아, 빨리와. 누가 앞모습 찍냐? 뒤로 돌아. 손 올리고."

간식차 아이디어 낸 선생님은 이것을 예상했을까?

"교장선생님, 지금 시내 아파트에 난리 났어요. 누리초는 체육대회 때 간식차도 왔다고 소문이 쫙 났어요. 누리초 최고예요."

"동문들께 고맙게 생각해주세요."

나도 점심시간에 총동문 임원들과 사진을 찍었다.

"총동문회장님, 운영위원장님과 붙어요. 하트, 이번에는 파이팅."

교감선생님은 사진을 찍어주느라 바빴다.
"화이팅."

총동문 임원은 단체톡으로 소통한다. 별도로 연락하지 않아도 졸업식, 입학식 등 학교 행사에 서로 연락해서 참석한다. 나도 가끔 학교 소식을 올리면 함께 축하해주었다. 동문이면서 학교운영위원장인 이분의 활약은 대단하였다. 눈 쌓인 학교 모습과 사계절 도담숲의 꽃 사진, 대회 우승 소식 등을 전하는 학교 홍보대사이다. 19년 전에 학교를 살린 산 증인이고 지금까지 학교와 동문을 잇는 다리 역할을 하고 있다.
"코로나19 펜데믹 이후 누리초에 가장 많은 사람들이 모인 것 같아요. 얼마나 좋아요. 날도 좋고 학교도 깨끗하고. 이런 학교 없어요."

나보다 더 학교를 사랑하는 진정한 누리초 사랑꾼이다.

특별한 하루 이야기

봄날의 꽃

여느 때처럼 통학차량 등교맞이 하는 곳에 교감선생님이 있었다. 노란색 원피스를 입고서. 우리 둘이는 만나서 빵 터졌다. 베이지 마스크까지 완벽한 시밀러룩이었다. 급식 후에 교사동 뒤편에서 교감선생님과 숲조성사업에 대해 이야기하였다. 교사동 주변 둘레길을 따라 화초와 수목을 어떻게 식재할지 아마추어답게 이야기의 끝이 없었다.

"와! 커플, 봄날의 꽃 같아요."
6학년 여학생이 급식실에서 나오면서 말했다.
"야, 노랑이 와서 붙어."
교감선생님이 서글서글한 목소리로 소리쳤다.
여학생 두 명이 뛰어왔다.

"저는 달고나예요."

진짜 달고나색 티셔츠였다.

"저도 노랑이 조금 있어요."

가로줄무늬 가디건에 노란색이 있었다.

"야, 빨강이도 와."

교감선생님 말에 빨간 티셔츠 입은 학생도 뛰어왔다.

"두 분이 공연 나가도 되겠어요. 붙어보세요."

퇴근할 때 보건교사가 우리를 교무실 벽에 세우고 사진을 찍었다.

"아침마다 두 분이 카톡하세요?"

우연이었다. 교감선생님은 노랑이 원피스, 나는 검정 원피스에 노랑이 자켓. 그것도 둘다 흔하지 않은 겨자색이었다. 오늘은 노랑이 덕분에 실컷 웃었다. 같은 옷 다른 느낌을 고스란히 느꼈다.

수요일이다. 도교육청에서 청바지 입었던 기억이 떠올랐다. 청바지에 자켓을 입고 가볍게 출근했다. 도담숲 산책길의 목련도 별처럼 예쁘고 날도 따스했다. 급식을 마치고 나오는데 보건교사가 말했다.

"우리 셋 다 핑크예요. 사진 찍어요."

우리는 창고에 그려진 피아노 벽화 앞에서 사진을 찍었다. 사진사는 소문대로 전문가였다.

"여기가 포토존이네."

"내 얼굴이 가장 크게 나왔어."

"얼굴도 작은 보건교사는 양손으로 얼굴을 감싸고. 나도 다음에는 이렇게 하고 찍어야겠어."

교감선생님이 말하였다.

"다음에는 신소미선생님까지 분홍이를 더 모아서 찍어야겠어요."

6학년 담임교사도 핑크 쫘배기 니트를 입고 왔다. 교직원들 옷차림에서 꽃 보듯 봄을 느꼈다. 교직원 모두 아름다운 봄처럼 따뜻한 학교생활이 되길 바랬다.

IB학교 교장 배움자리에 참석했다. [서울대에서는 누가 A+를 받는가], [평균의 종말] 을 읽었던 8년 전으로 소환되었다. 매주 수요일 점심시간에 5층 사무실 앞 회의실에서 한 달에 한 권 책을 읽으며 미래교육에 대해 고민하던 동료들이 생각났다.

교감선생님이 하루 잘 보냈다고 봄을 보내주었다. 파란 하늘과 흰 목련, 초록 반송이 어우러진 봄을. 목련이 피다가 끝부분이 추위에 얼었는데 다시 힘을 얻어 활짝 피었다고. 급식을 유난히 좋아하는 나를 위해 급식 사진도 함께 보냈다. 급식으로 나온 제육볶음은 짱이었고 해물탕은 이루 말할 수 없이 맛있었다고. 학교 밖에 나와 있어도 학교 안은 완벽했고 봄이 살짝 들어와 있었다. 사진 속에는 교직원들의 수고가 배어있었다. 백목련을 피운 따뜻한 기운이 나를 감쌌다.

선생님 사랑합니다

며칠 전부터 교감선생님과 스승의 날을 어떻게 보낼까 고민했다. 카네이션과 케익, 간단한 다과로 스승의 날을 자축

하였다.

"〈죽은 시인의 사회〉 키팅선생님은 말하였습니다. '의술, 법률, 기술이 모두가 살아가는데 필요하지만 시, 아름다움, 낭만, 사랑 이런 것들이야말로 우리가 살아가는 목적이란다.' 학생을 사랑으로 가르치는 교직은 그 자체만으로도 고귀한 일입니다. 교문 들어서는 순간 우리는 모두 교육자입니다. 학생들이 배울 수 있다면 우리는 쉬는 시간도 쪼개어 가르치고 고민하는 교사입니다."

"선생님들, 가사, 육아, 부모님 건강, 학교일 등 고민이 많고 힘들지요? 힘내세요! 지나올 때는 볼 수 없어 몰랐는데 지금 되돌아보니 내가 걸어온 그 길이 내가 만든 꽃길이었습니다. 고민스럽고 힘겹기도 한 그 길이 꽃길."

올해는 4학년 학생 20명이 스승의 날 기념 현수막 글자 꾸미기를 하였다.

'선생님의 따뜻한 가르침 감사합니다 사랑합니다'

한 학생이 한 글자씩 20개 글자를 꾸며서 중앙 현관에 붙였다. 이것을 사진으로 찍어서 현수막을 만들었다. 학생들이 직접 디자인한 현수막은 우수사례가 되었다. 지난해는 1학년 2반 학생 13명이 현수막을 디자인하였다.

'선생님 고맙습니다 사랑합니다'

딸들이 스승의 날을 기억해 주었다. 직원들과 행복한 시간 보내라고 학교에 떡을 보내주었다. 떡처럼 따뜻한 마음이 느껴진다고 고마운 인사도 받았다. 잡초를 뽑아주는 시니어 어르신들, 운전원과 안전요원들도 특별한 것 아니지만 한 조각씩 나눠 먹었다. 누구보다도 학교를 사랑하는 진정한 학교 주인이다.

숲으로 출근한다

등교맞이를 하고 교감선생님과 산책로를 따라 한 바퀴 돌아보았다. 식물들이 밤새 별일 없는지 살폈다. 장마 덕분에 재배치한 나무들이 자리잡아 꽃이 피고 초화류가 초록초록하였다. 생태환경학교로 선정되어 학교숲을 조성하였다.

꽃댕강나무 외 53종 3,300그루의 관목과 초화류를 식재하였다.

교사동을 가운데 두고 산책로 따라 기존의 수목과 어우러지도록 조성하였다. 텃밭과 나무그늘 쉼터, 무궁화동산, 평상이 있는 잔디광장 공간을 활용하였다. 교사동 앞은 사계정원으로 계절에 따라 초화류가 이어달리기하듯 꽃피웠다. 산책로 입구는 그라스원이어서 가을 분위기가 돋보였다. 텃밭과 산책로는 생태학습장으로 자연친화적 공간이 되었다.

당진시민과 교육가족 대상으로 숲이름을 공모하였다. 학생, 학부모, 교원 대표가 심사하여 '누리도담숲'이 선정되었다. 숲 표지판 디자인도 교직원 투표로 결정하였다. 저녁이면 마을주민들 운동하는데 산책로에 LED 등이 켜져 은은한 분위기를 연출해주었다. 한 직원은 당진의 명소 누리도담숲은 입장료를 받아야 한다고 했다.

학생들은 도담숲에서 숲길 걸으며 계절 변화 알기(1학년), 나를 닮은 식물과 사진찍기(6학년) 등 학급별 교육과정 연계 활동을 하였다. 10월 하얀 구절초가 만개할 때 학교자율특색과정인 '달보드레한 인문학 이야기'의 프로젝트로 산책로를 따라 시화전을 열었다. 시화전에 전시된 동시는 책 출판사업의 지원을 받아 《시인의 마을, 누리》를 출판하였다. 이 동시집은 점자책으로도 발간되었다.

누리도담숲을 배경으로 '도란도란 이야기가 있는 사진전' 공모를 하였다. 학생들에게는 환경주간을 맞아 생태환경교육이 되고, 총동문체육대회에 참여한 400명 동문들에게는 작은 추억이 되고, 방과후학교 공개수업 주간에 학교 방문한 보호자에게는 행복한 학교 나들이가 되고, 당진시민에게는 소소한 쉼이 되길 바랬다. 2학년 지혜는 주말에 가족들에게 학교를 소개해주고 화단 앞에서 사진을 찍었다. 할머니, 부모님, 고모, 동생 6명이 앞뒤로 서서 빼꼼 옆을 쳐다보며 양팔을 들고 펄쩍 뛰었다. 사진은 누가 찍었을까?

교장 부스도 있다고요?

교장 전학공 첫 모임을 누리초에서 가졌다. 누리도담숲 산책로를 따라 학교 외부 시설을 둘러보았다. 비가 와서 서부해당화 등 분홍색 꽃이 지고 싸리나무, 조팝나무 등 흰색 꽃이 만발하였다. 초록, 연두로는 다 표현할 수 없는 자연 색들이 다채롭게 뽐내고 있었다.

현장 방문과 읽을 도서 등 전학공 계획을 세우고 학교 현안에 대해 이야기도 하였다. 퇴근 시각 지나서까지 이야기가 끝나지 않았다. 누리도담숲 꽃만 이어달리기하듯 피어나는 것이 아니었다. 교장도 이야기할 시간과 공간이 필요했다. 오늘이 바로 그런 날이었다.

온수업 한마당이 실내체육관에서 있었다. 전학공 '노블리제'도 교사들을 응원하는 부스를 운영하였다. 행사에 참여한 교사들과 함께 하는 마음으로 우리가 무엇을 할지 '노블리스 오블리제' 실천을 고민했다. 부스 현수막과 벽면 글귀도 회원들 의견을 반영해 정하였다.

선생님의 행복한 교실을 응원합니다!

선한 가르침과 사랑으로

학생을 이끌어 주시는 선생님,

당신은 특별합니다.

행사 주관 기관에서 커피차를 불렀다고 해서 우리는 쿠키와 커피차에 없는 약간의 차를 준비했다. 그리고 교장 톡에 메시지를 보냈다.

"부스에 오셔서 편한 마음으로 쉬었다 가세요. 오셔서 소속 학교 선생님들을 응원해주시면 더 좋겠어요."

"초등교장단에서 준비했어요. 선생님, 응원합니다!"

이렇게 바지런히 몸을 쓴 적이 언제였던가? 오후 4시경 쿠키 300개를 모두 나누어 주었다. 오랜만에 만난 선생님들과 인사 하고 쿠키도 나누어 주고 차도 타주었다.

"교장선생님들이 부스도 해요?"

우리가 예상한 것보다 교사들이 아주 좋아했다. 인기 만점 부스였다.

모교를 살린 우렁각시들

청와쑥부쟁이 보랏빛 꽃무덤에서 꿀벌이 뜀뛰기를 할 때면 연락이 온다.

"11월 5일 괜찮은가요? 10명 갑니다."

29회 졸업생 10명, 총동문회장과 임원, 학교운영위원장도 함께 왔다. 열네 번 하는 동안 나는 세 번 만났다. 시골 친구들과의 만남처럼 은근 그날이 기다려진다. '네가 4시에 온다면 나는 3시부터 행복해질 거야.' 여우를 기다리는 어린 왕자의 설렘이 있다.

오래전부터 동문들은 학교 인근 식당에서 후배들에게 자장면을 사주었다. 초등학교 시절의 특별했던 자장면 추억을 선물해 주었다. 학교급식이 시작되면서 자장면을 먹을 수 있도록 예산을 지원해주었다. 그렇게 '선후배가 함께하는 자장 데이'는 2010년에 시작하여 코로나19 펜데믹을 제외하고 해마다 거르지 않고 14년째 이어왔다.

출근길에 재당동문회장을 만났다.
"이른 시간에 어쩐 일이세요?"
"시청에 회의가 있어서 자장데이 참석이 어려워요. 저 대신 이 아이(딸기)라도 참석해야죠."
딸기 두 박스를 들고 왔다. 11월에 딸기라니? 사과농장 하는 줄은 알았는데 딸기도 심는다고 했다. 8월 에어컨 켜고 심은 귀한 딸기라서 맛은 최고였다.
총동문회장은 일부러 서울에서 버스 타고 왔다.
"저녁에 몇 시까지 버스 있어요?"
"버스는 내일 아침에도 있어요."
'아 그렇구나!'

6학년 담임교사와 학생들은 전지에 롤링페이퍼를 만들었다. 급식실 앞유리에 붙여서 들어가는 사람은 안 볼 수가 없었다. 만화 그리기 솜씨가 있는 학생이 전지 왼쪽 상단에 자장면 먹는 소녀를 그렸다. 중학교 시절 몰래 읽었던 〈베

르사유의 장미〉의 오스칼을 닮았다. '자장데이, 선배님들 고맙데이~' 중앙에 크게 두 겹 글씨가 있었다. 누리 선배님들 짱, 엄지척 등 다채롭게 감사의 글과 그림이 전지에 꽉 찼다.

"교장선생님 제 30년 교직 생활 중 가장 인상적인 동문이에요. 교감 직무 수행 계획에도 제가 우리학교 동문 이야기를 썼어요."

6학년 담임교사가 말했다. 그러한 마음이 학생들한테 잘 전달되었나 보다.

"선배님들께 인사해야 하는데."

2학년 학생들 여럿이 뛰어와서 방문한 동문들을 즐겁게 했다. 3학년 한 학생은 수업시간에 '누리초의 보물은 동문 선배님들'이라고 발표했다.

50세가 된 졸업생들의 만남은 보기만 해도 정겨웠다.

"은숙아 빨리 와. 교장선생님 오셨어."

헉. 내가 졸업생들의 교장도 아닌데. 이 묘한 말을 듣고 다같이 웃었다. 인사하고 나가려는데 막무가내로 막아섰다. 알고 보니 늦게 온 사람이 총무여서 발전기금을 가지고 있었다.

"교장선생님, 날씬해졌어요. 요즘 다이어트하시지요?"

칭찬도 덤으로 주었다. 내 몸무게는 여전하지만 나쁘지 않았다. 아니 좋았다.

29회 기수에는 학교운영위원장도 있고, 미용업계에서 능력을 발휘하시는 졸업생도 있었다.

"현수야~"

이들은 서로 이름 부르며 누리도담숲 산책로를 걸었다. 사진 찍으러 공원에 온 것처럼 연신 사진 찍느라 분주했다.

"입장료를 받아야겠어요. 그렇지만 동문이어서 특별히 무료입니다."

내가 농담을 하였다.

"자주 뵈니 교장선생님도 누리 동문 같아요."

"저도 그래요."

형제보다 자주 보니 반갑다. 맘 따뜻한 동문이 학교를 집처럼 알뜰하게 살림해줘서 고맙다며 나를 안아주었다.

무, 배추가 야무지게 자란 텃밭도 지났다. 해마다 학교운영위원장이 말없이 새벽에 거름을 펴고 텃밭을 갈아준다고 자랑했다.
"역시 회장님, 최고."
친구들은 박수 치고 당사자는 쑥스러워했다.

어느 날 봄, 출근하니 흙이 홀랑 뒤집어져 보송보송 윤기가 났다. 사랑받는 우리 아이들처럼. 흙을 갈아놓으면 촉촉한 황토색 흙이 식물보다 더 예뻤다.
"텃밭 갈았네요. 흙이 너무 예쁘지 않아요?"
교무실에서 내가 말했더니 직원이 답을 하였다.
"교장선생님, 학교가 예쁘다 못해 흙까지 예뻐요? 어떻게 한 봉지 퍼드릴까요?"

여름방학 동안 수목 병충해가 심해져 벚나무 잎은 흔적도 없고 굵은 줄기만 남아서 죽은 나무 같았다. 이 때도 학교운영위원장이 주말에 슬그머니 드론을 띄워 내 고민을 해결해 주었다. 동문 네 명이 와서 잔디운동장과 수목 방제 작업과 친환경 덧거름을 주었다고 사진을 보내주었다.

"선배님으로 운을 띄워주세요."

자장데이 급식 중에 전교회장이 벌떡 일어나더니 삼행시를 지어 보겠다고 했다. 예정에 없었지만 이 아이는 워낙 붙임성이 좋아 그럴 수 있었다. 많이 놀라지는 않았다.

선, 선배님들
배, 배불리 잘 먹겠습니다.
님, 이쁘고 멋진 선배님들, 사랑합니다!

2006년 폐교학교로 분류되자 동문들은 모교살리기 운동을 벌였다. 1구좌 만원부터 100구좌까지만 받았다. 한 사람이 큰 돈을 내어 소액 기부한 사람들의 정성이 퇴색되지 않도록 한 장치라고 하였다. 학생 유치를 위해 총동문회에서 차량을 구입하여 직접 운행하였고 지금까지 입학생과 졸업생의 장학금, 졸업앨범비를 지원해주고 있다.

그 때 모교살리기추진위원장을 하였던 졸업생이 왔다. 누리초 8회 졸업생 15명이 칠순을 맞아 모교를 방문하였다. 병설유치원에 다니는 서준이 할아버지도 왔다. 70세가 훌쩍 넘은 선배님들을 맞이하기 위해 재당 동문 임원들도 참석하였다. 언뜻 보기에는 임원들과 나이가 비슷해 보이지만 선배님이라고 미리 나와서 기다리는 모습이 깍듯하다.

학생과 교직원 선물로 텀블러 135개를 가져왔다. 초등학생들이 가지고 다니기 적당한 용량에 손잡이가 있는 트랜디한 텀블러다. '누리초 8회 졸업생 기증'이라고 검은색 돋움체로 귀엽게 새겨졌다. 바이올릿, 그레이, 오렌지 빛깔로 색도 쨍했다. 바이올릿 인기가 가장 핫했다.

천연잔디 운동장에서 산책로까지 울타리를 따라 외부를 한 바퀴 안내하고 체육관, 유치원, 도서실, 급식실 내부도 보여주었다. 추억에 젖어 6-1 교실에 앉아서 기수 회의를 하였다. 과수원을 하는 동문은 사과를, 농사지으시는 동문은 서리태콩, 해나루쌀 등을 가져와서 서로 선물로 주고 받았다.

모교살리기위원장은 모교에 대한 애착이 다른 동문보다 훨씬 강했다. 학교가 본인의 학창시절과 많이 달라졌고 예뻐졌다고 좋아했다. 꽃피는 봄에 오면 더 좋았을 텐데 아쉬움이 남았지만 그것은 나의 생각이었다.
"찾아올 모교가 있어서 저희는 어느 계절이나 좋아요."

"맛있는 합☆국수입니다. 학생들이 그냥 맛있게 먹어주기만 하면 됩니다."
지인들과 삽교천에 놀러 왔다가 문득 모교 생각이 나서 보냈다고 하였다. 그 전에도 이 동문이 국수를 주문해 주어서 영양사는 잘 알고 있었다. 전교생이 잔치국수 두 번은 충분히 먹을 수 있는 양이라고 하였다.
나는 담임교사들한테 메시지를 보냈다.
'6월 어느 날 잔치국수가 나오면 그것은 동문 박원규님이 기증한 국수입니다. 맛있게만 먹으면 된다고 하였습니다. 우리 학교는 동문들이 1구좌 만원씩 모아서 살린 학교라고 학생들한테 이야기해주세요.'

그 쫄깃한 잔치국수를 먹었다. 도서실 복도를 지나가는데 모교 생각날 때마다 국수를 보내준다는 그 동문의 성함이 새삼스럽게 눈에 들어왔다. 고희에도 드러내지 않고 모교 사랑 이어가는 찐 우렁각시들이었다. 어떤 교장이 나만큼 넘치는 응원을 받을까.

교사의 삶을 마주하다

평화로운 휴일, 아파트 인근 카페를 찾았다. 무엇을 하면 의미 있을까 고민하다 〈충남교육〉 200호를 챙겼다. 책장을 넘길 때마다 편집위원들의 열정이 묻어났다.

〈충남교육〉은 1976년 창간하여 47년 동안 월간지, 계간지, 연간지 형태로 세상에 나왔다. 충남교육청에서 추진하는 교육정책과 교육 패러다임을 소개하고 교육현장에 있는 교사들의 생생한 이야기와 문예 작품을 실어 왔다.

200호의 상징적 의미를 담아 정책을 안내하는 정책 전문지에서 새로운 교육 패러다임과 교육 현장을 담는 교육 전문지로 변화를 시도하였다. 2023년 여름, 교사의 안타까운 죽음을 마주하며 학교 현장 이야기를 담아 교사의 소진된 마음에 공감하고자 특집을 기획하였다.

특집 1은 '다시 읽는 충남교육'으로 1호부터 199호까지 발간된 〈충남교육〉의 다양한 이야기 중 그 시절 추억을 소환할 수 있는 글과 사진을 소개하였다. 특집 2는 '교사의 삶'으로 정하고 충남 교사들의 설문조사, 교사 좌담회, 다양한 장르로 표현한 '교사로 사는 이야기'와 '나를 성장시킨 한 사람' 코너도 마련하였다.

좌담회 '교사, 당신은 오늘도 참 예쁘다!'는 다양한 모습으로 살아가는 학교급별 10년 차 교사의 눈에 비친 교육 현장을 재조명하였다. 교육에 대한 열정도 많고 그만큼 고민도 많지만 나름 교육철학을 가지고 살아가는 교사가 한자리에 모였다.

선배교사의 연구소에서 요즘의 학교 이야기, 그 안에서 살아가는 교사들의 이야기를 나누었다. 가르치고 배우는 학교 현장이 경제 논리나 몇몇 집단의 욕심으로 잘못된 방향으로 가지 않기를 바란다는 교사의 말이 와닿았다. 후배 교사한테 또 배웠다.

'시간은 흘러가는 것이 아니라 쌓이는 것이라고. 그 과정이 쌓여서 엄청난 근육이 된다고. 응원해주는 동료교사가 있다고.'

메일을 보내준 선배가 떠올라 따뜻한 저녁이었다. 오늘도 너 참 잘 살았구나!

현장 교사가 공감하도록 편집하고 싶었다. 지루한 책이 아니라 읽고 싶은 책이 되길 바랐다. 선물 같은 오늘, 교사의 소소한 일상을 읽으며 에너지를 충전하였다.

교사의 삶을 마주하다

교사, 우리는 안타깝고 가슴 아픈 일을 직면하였다.
그 어느 해보다 교사의 삶이 재조명되기 시작하였다.
어려움 속에서도
우리가 우리를 간절히 응원하였다.
그리고 교사, 우리들의 이야기를 담아보기로 하였다.

가장 늦게 문을 닫는 카페에서 만났다.
오후 11시, 지금 출발하면 집에는 내일 도착해요.
어떻게 물을까? 어떤 예시를 보여줄까?
나의 이야기도 마음으로 써보고
이어달리기하듯
어제에 이어 오늘 다시 만나
처음부터 고민 줄달리기를 하였다.
교사들이 쉬어갈 만한 글과 구성은 어떤 것일까?

선배교사 삶의 터전에서 후배교사의 삶을 들어보는 좌담회,
교사의 일상에 대한 설문조사,
퇴직한 선배들과 우리네 현직교사들의 살아가는 이야기,
나를 교사로 성장시킨 한 사람을 꺼냈다.

나는 왜 교사가 되었는가?
나를 성장시킨 소중한 사람은 누군가?
한 명이 아니었구나!
만남 자체가 위로가 되고 어느새 우리도 성장하고 있었다.

가르치는 순간순간이 가장 행복한 교사가 되고 싶다는
어느 교사처럼
아이들이 기다리는 학교로
설레는 마음으로 출근하는 교사, 우리는 참 예쁘다!

12월에 발간한 〈충남교육〉 201호를 다시 읽어보았다. 〈충남교육〉 200호 '교사의 삶을 마주하다'에 이어 201호는 '다시, 수업'으로 특집을 정하였다. 수업은 교사 본연의 일이지만 이런저런 이유로 수업 고민이 적은 교육 현장을 성찰해보고자 하는 편집위원들의 열망을 담았다. 다양한 수업을 소개하는 '이런 수업 저런 수업'과 교감 좌담회, 해외 교육 현장 탐방기 꼭지를 기획하였다.

'200호를 지나왔다는 놀라움과 거기서 멈추지 않고 한 걸음 더 내딛는다는 설렘이 공존한다'는 인사말부터 특집 기획 및 원고 작성, 교육공동체의 글을 가독성 있게 정성으로 편집하였다. 교사에게 울림이 되어 수업을 고민하는 시간이 되길 바랐다.

한강 작가의 책을 읽고 있는데 문득 해결하지 못한 〈충남교육〉 201호 좌담회 표지글이 머리에 맴돌았다. 교감으로 근무했던 시간을 떠올리며 긴 에세이를 썼다가 지웠다. 지우고 수정하다 보니 뼈만 남았다. 삭제된 부분은 읽는 자의 몫으로 두기로 했다.

교감선생님, 안녕하신가요?

〈작별하지 않는다〉 책장을 넘긴다.
천천히 정성스럽게
첫머리부터 다시 읽는다.
그 새, 놓친 것이 있다.
이렇게 하루에 하루를 포개며 돌아본다.
나는 교감이다.
어느 선생님은 나를 사교적인 외교관형으로 불러주었다.
그 마음 여린 선생님한테 나는 ESFJ가 되었다.

교사 연수 아니고 전학 상담입니다

인근 학교 보호자한테 전학 문의가 왔다. IB학교에 대해 상담하고 학교를 둘러보고 싶다고 했다. 2학년 자녀를 둔 보호자인데 아는 것도 많고 궁금한 것도 많았다. 학급당 학생수와 IB학교 단계를 정확하게 알고 있었다. 대단하다!

보호자 연수에서 충남형 IB학교 영상을 시청하였다. 충남형 IB학교는 '충남형 2030 미래학교'의 한 유형으로 국제 공인 프로그램을 도입해 학습자 주도성을 신장하고 비판적 사고력과 국제적 소양을 갖춘 세계시민으로 육성하기 위한 프로그램이다. 몇몇 관심 있는 보호자들은 IB 학부모 연수를 다녀왔다. 학교운영위원들도 후보학교 등록 시기 등 구체적인 관심을 보였다.

"교장선생님께서 1년 뒤에 만기라는 이야기를 들었습니다. 지금은 교장선생님이 주도적으로 추진하는데 추후에는 어떻게 되는지요?"

'참 놀랍다. 우리 학교 직원들도 내가 언제 만기인지 잘 알지 못하는데 어떤 점이 이 보호자를 불안하게 하는 걸까?'

1년 뒤에 누가 주도적으로 운영할지 걱정은 하지 않아도 될 것 같습니다. IB는 수업을 하는 구성원 모두가 실천해서 시스템을 만드는 것입니다. 교장과 코디네이터의 역할이 중요하지만 관리자나 코디네이터가 혼자 끌고 갈 수 없는 프로그램입니다. 교사가 지닌 역량은 조금씩 다릅니다. 어떤 교사는 큰 톱니바퀴를 그릴 수 있고 어떤 교사는 작은 톱니바퀴를 그릴 수도 있습니다. 이렇게 크고 작은 톱니가 맞물려 더 큰 원을 그리며 같은 목표를 향해 가는 것이 좋습니다.

본교는 현재 관심학교이고 올해 학년말에 후보학교에 등록해서 2026학년도에 운영할 예정입니다. 후보학교는 실제로 프로그램을 운영하게 되는데 컨설팅을 받으며 학교 상황에 맞게 빨리 가기도 하고 천천히 가기도 합니다. 후보학교 1~2년 운영하면 대체로 월드스쿨 인증을 받습니다.

"제주도에 지인이 있어 IB학교 이야기를 많이 들었습니다. 표○초는 IB학교가 되면서 교사들이 많이 전출갔다고 합니다. 사립학교는 IB연수를 받은 교사가 이동하지 않아 장점인데 누리초는 공립이어서 연수받은 교사들이 이동하면 어떻게 운영될지 궁금합니다."

IB학교 교원은 IB프로그램 연수를 모두 이수해야 합니다. 말씀하신 것처럼 사립학교는 연수를 받은 교원의 이동이 적어 연수에 대한 노력과 비용이 적게 드는 것이 강점입니다. 반대로 능력 있는 교사의 유예, 초빙할 수 있는 인사제도는 공립학교의 강점이기도 합니다. 이미 월드스쿨 인증받은 대구와 제주도의 초등학교는 대부분 공립입니다.

표○초도 마찬가지입니다.

제가 5월에 표○초 수업 참관을 다녀왔습니다. 표○초는 5년 전 누구도 가보지 않은 IB학교에 대해 고민하고 인증 받기까지 좌충우돌 고생하였습니다. 콩나물을 기르는 것을 생각하면 될 것 같습니다. 물은 빠져 나가지만 콩나물이 자라는 것처럼 교원들은 이동하지만 누군가 심고 가꾼 노력이 쌓이고 구성원 모두의 노력이 모여 시스템이 됩니다. 지금은 IB로 표○초중고가 연계되면서 시골 마을의 학교가 전국에서 찾아오는 학교로 변모하였습니다.

"교사들이 IB프로그램을 운영하는 것을 부담스럽게 생각한다고 들었습니다. 어떻게 생각하는지요?"

부담스럽기도 하지만 개념기반수업을 하는 IB프로그램에 대해 알게 되면 교사로서 보람을 갖게 될 것입니다. 그리고 교사들이 단원 계획을 할 수 있도록 주도적 역할을 하는 코디네이터의 수업을 경감해주기 위해 강사를 지원합니다.

IB학교의 담당교사로부터 학생 주도성을 기르는 수업사례를 들었습니다. 교사마다 자기 수업에 대한 자부심이 대단했습니다. 저경력 교사의 답변에서도 당당함이 묻어났다. 본교 교사들은 교육과정 역량이 아주 뛰어납니다. 연수와 IB수업 참관을 통해 저와 같은 경험을 할 것이라고 믿습니다.

"코디네이터의 수업을 지원해주는 강사도 IB연수를 받는지요?"

"네. 수업을 하는 교사는 담임뿐만이 아니라 교과전담교사, 보건교사, 특수교사 등 모두 연수를 받아야 합니다."

"IB학교에 관심이 있어 타시도로 이사를 가려고 생각하던 차에 누리초에서 IB 관심학교를 한다는 사실을 알게 되었습니다. 현재 2학년이 22명인데 언제 전학오면 정원에서 초과되지 않을까요?"

학급당 정원은 학기말 공문으로 안내됩니다. 내년 학급당 정원은 올해와 같거나 1명 감소할 것 같습니다. 언제 정원이 채워지는지는 저희도 알 수 없습니다. 전학은 자녀와 충분히 이야기해보길 바랍니다.

"IB학교 운영에 대해 혹시 학부모가 반대하지는 않을까요?"

반대할 이유가 전혀 없다고 생각합니다. 최고의 수혜자는 학생들입니다. IB학교라는 표현보다 초등용 IB프로그램(PYP)을 운영한다는 표현이 적절할 것 같습니다. IB학교는 별도의 국제 교육과정을 운영한다고 생각하는데 그렇지 않습니다. 우리나라 교육과정과 IB 두 개를 운영하는 것이 아니라 우리나라 교육과정을 IB라는 프레임에 넣어 운영합니다. 현재 우리나라 국가교육과정과 IB에서 추구하는 방향과 갖추어야 할 역량이 거의 유사합니다. 국가교육과정을 내실 있게 운영하기 위해 지속성과 학년간 연계성을 담보한 IB교육 시스템을 갖추는 것이라고 이해하면 쉬울 것 같습니다.

"후보학교 등록했는지 연말에 다시 전화드리겠습니다."

전학 상담인 줄 알고 교감선생님도 자리에 함께했었다. 보호자 두 분이 IB에 대해 어찌 궁금한 것이 많은지 예정 시간이 훌쩍 지났다.
"교감선생님 전학 상담이 아니었네요. IB는 전달연수를 중요하게 생각하니까 그 시간이었다고 생각해주세요."
나만 이야기한 것 같아 미안해서 덧붙였다.
"아니에요. 교장선생님. 저도 들으면서 IB학교와 교장선생님의 의지를 알게 되었어요."

그 후 교사들도 IB프로그램 운영에 대해 의견을 나누는 시간을 가졌다. 교장으로서 여는 말을 하였고 교원 모두 솔직하게 자기 생각을 이야기했다.

본교는 학생 유입 환경이 아주 좋습니다. 아파트에서 통학거리도 가깝고 통학버스가 지원됩니다. 교육환경도 잘 조성되어 있습니다. 가정주부가 집안일 하는 것처럼 열심히 해도 표시 나지 않고 현상 유지하는 것처럼 보이지만 그렇지 않을 때 학생들이 1년에 20~30명씩 줄어듭니다. 이런 것을 보면 우리 구성원이 최선을 다한 결과라고 생각합니다.

본교는 동문회가 든든한 버팀목입니다. 19년 전 폐교학교로 분류되었다가 동문의 관심과 지원으로 찾아오는 학교로 정착되었습니다. 매년 100만원씩 보내는 동문도 있고 몇 천만원을 발전기금으로 주는 동문도 있습니다. 총동문회에서는 향후 10년 동안 입학생과 졸업생에게 줄 장학금을 예금해두었다고 합니다. 이 이야기를 듣고 저는 가슴이 뭉클했습니다. 동문도 이렇게 학교의 미래를 생각하는데 나도 좀 더 힘을 내야겠다고 생각했습니다. 학교 현장에 있는 우리도 최선을 다해 봅시다.

"왜 우리 학교가 IB프로그램을 운영해야 하는지요?

우리학교는 재학생의 90% 이상이 5~10분 거리에 있는 아파트에서 찾아오는 학교입니다. 공동학구로 지정되어 매력적이어야 찾아옵니다. 그 대안이 특색있는 교육과정 운영이라고 생각합니다. 학령인구 감소로 학생은 급격히 감소하여 학교마다 학생 유치가 가장 큰 이슈입니다. 누리초도 변화가 필요합니다. 그래서 장기적 안목에서 IB학교를 운영하고자 합니다.

저는 IB라는 국제 공인 교육과정 씨앗을 누리초에 심었습니다. 물을 주어 싹을 틔우면 후임자가 영양제를 주기도 하고 비를 맞으며 자연의 섭리로 자라기도 합니다. 내가 심고, 키우고, 꽃피우고, 열매 맺는 것을 다 할 수 없습니다. 시스템을 만들면 구성원이 바뀌어도 돌아갈 것입니다. 누리초 전입자는 누구든 IB라는 시스템에 녹아들어야 하며 관리자도 마찬가지입니다. 인증학교도 누군지 알 수는 없지만 시스템을 마련하기까지 기반을 닦은 교사들의 노력이 있었습니다. 후임자가 그 기반 위에 정착 발전시키겠지요. 그래서 우리는 근무할 때 최선을 다해야 하는 이유입니다.

"IB학교는 국제 교육과정이어서 외국어를 잘해야 하지 않나요?

글로벌 역량을 지닌 평생학습자로 기르는 것이 목표이지만 초등학교 과정(PYP)은 모국어로 진행합니다.

"교장선생님께서 2022 개정교육과정과 역량 및 추구하는 목표가 유사하다고 했는데 굳이 IB프로그램을 해야 하나요?

그런 질문을 가장 많이 합니다. 올해는 우리 같이 그것을 같이 알아보면 좋겠습니다. 가보지 않은 길에 대한 막연한 불안감을 갖지 않았으면 좋겠습니다. 다른 학교의 자료를 받을 수 있지만 교사의 경험과 지역, 학생 등 여건이 서로 달라 크게 도움이 되지는 않을 것 같습니다. 우리학교 교사들이 지닌 교육과정 역량으로 충분히 가능하다고 생각합니다.

"우리학교 학생들은 기초학력이 부족하여 IB프로그램 운영이 적절한지요?"

"대구동○초 수업 참관에 가서 우리학교와 학력 수준이 비슷하다고 생각했습니다. 많은 참관인 앞에서 학생들이 자신감 있게 학습하는 것을 보고 놀랐습니다. 5년 이상 IB 교육을 받으면 우리 학생들도 이렇게 변할 수 있겠구나 긍정적인 생각을 했습니다."

수업 참관을 다녀온 교사가 답변을 하였다.

국제학교에서 IB프로그램을 주로 운영하고 있어 선입견일 수 있는데 IB는 영재교육이 아닙니다. IB에서는 포용성 정책으로 기초를 쌓을 수 있도록 하며 부족한 부분은 개별 피드백과 학생 개별 수준에 맞춤 교육을 하고 있습니다. 표○초에서 'K-POP은 문화유산이 될 수 있을까?' 라는 핵심질문으로 관통하는 수업 매력에 빠졌습니다. 한 차시 수업에서 모든 학생들이 성취할 수 있도록 수업하는 것이 아니라 학생 스스로 깨달아가도록 피드백하였습니다.

"지금도 주제 중심 프로젝트 수업을 하는 교사가 있습니다. IB프로그램과 무엇이 다른가요?"

맞습니다. 그러나 모든 교사가 프로젝트수업을 실천하지는 않습니다. 그래서 학년별 연계나 지속성을 가질 수 없었습니다. IB는 시스템으로 학생들이 배워야 할 것(ATL)과 교사들이 가르쳐야 할 것(ATT)이 명확합니다. 학습자상도 학생들이 인지하도록 매 수업에서 제시합니다. 또한 교사들이 협력하여 학생들이 명시 개념을 학년별로 균형 있게 학습하게 됩니다.

IB학교 정담회 있던 날, 도담숲에는 샤스타데이지가 바람따라 살랑거렸다. 본교 운영 현황을 파악하고 2학기 후보학교 등록을 권장하였다. 초중고 연계를 위해 관내 4개 학교 교사가 모여 〈IB를 말한다〉 저자 특강을 들었다. 경기도 후보학교의 멘토링과 대구 인증학교 방문을 통해 생생

한 운영 사례도 들었다. 교사들은 IB 기초•심화연수를 받거나 인증학교 수업참관을 하느라 바빴다. IB라는 하나의 화두로 학교가 나아가고 있었다.

프랑스 바칼로레아 문제가 시민 전체의 관심이듯 누리초 학생들도 삶 속에서 학습을 하길 바란다. 교육과정세우기 주간에 누리초만의 사명선언문을 만들고 6개의 초학문적 주제의 UOI(단원 계획) 작성으로 수업을 디자인할 것이다. 수업을 하는 교사는 모두 서로 협력해야 하며 이 과정에서 교육과정 전문가로 성장하게 된다. 교사가 수업을 고민하는 것만으로도 성장하기 충분하다. 교사도 배우면서 학생들과 수업을 하게 된다.

대구동○초에 방문하던 날 룸메이트였던 교사가 차안에서 말했다.

"저는 호텔에서 교장선생님한테 강의 한 시간 들었어요. 대구동○초 방문해서 연수는 안 들어도 될 것 같아요."

"종교도 아니고 내가 아침부터 과했지요?"

"교장선생님, 진짜 강의하셔도 될 것 같아요."

우리는 훌륭한 원팀이었어.
자기가 무엇을 한 게 있다고 원팀이야?
엄마, 아빠가 서울 올 때 운전해주었잖아.
맞아. 엄마.
다른 임차인들은
임대인 서명 받으러 구치소에 같이 갈 사람 구하더라.
우리는 미리 받아서 얼마나 다행이야.
전세 사기 명단 공개했는데 우리 임대인이 1위야.
아마 연예인보다 싸인 더 많이 할걸.

3장
학교 밖 사람들

내게는 내 이름을 불러주는 선생님이 있습니다

우리 전세 사기 맞대

원팀 이사하는 날

엄마가 살아가는 힘

온양댁 이야기

함양 여행, 모두가 꽃이었습니다

내게는 내 이름을 불러주는
선생님이 있습니다

"창옥이냐? 교장 연수받고 있다며? 축하한다. 어디로 발령 났니?"

"누리초요"

"연수 끝나고 가다가 여기 들러라. 나 올해 농사 많이 지었다. 고추도 많이 따고."

"네. 선생님. 조금 늦게 가도 되지요?"

쉬는 시간에 오랜만에 만난 여고 선배와 고3 때 담임선생님에 대해 이야기를 했다. 선배가 내 소식을 전해주었다고 했다. 선배도 선생님과 오랜만에 통화했다고 했다. 선생님과 통화한 후 들떠서 하루 연수가 금방 지나갔다.

고3 때 우리반에서는 공주사대에 2명, 공주교대에 7명 진학하였다. 선생님은 우리 9명이 교사가 된다는 것을 아주 자랑스러워했다. 선생님은 관내에서 가장 좋은 중화식당 '동해장'에서 자장면을 사주었다. 우리는 둥근 테이블에 둘러앉아 영광의 자장면을 먹었다. 스승의 날에는 교대 친구들과 천안으로 선생님을 뵈러 가곤 했다. 선생님이 근무하는 학교나 선생님댁으로 갔다. 사모님이 준비한 밥은 정갈하고 맛있었다.

경기도로 첫 발령을 받으면서 선생님을 잊고 지냈다. 충남에 내려와서 작은 아이가 다니는 병설유치원이 있는 학교로 이동하였다. 그 때 학교에 큰 행사가 있었다. 교장선생님이 내빈 소개를 했다.
"중등이어서 여러분은 잘 모를 텐데 오선규장학사님도 오셨습니다."
'많이 듣던 성함이네.'
고개를 든 순간 믿어지지 않았다. 고3 때 담임선생님이었다. 꼿꼿한 모습은 여전하였다. 내가 달려가 자장면 이야기를 했다.
"그럼 너도 자장면 사라."

그래서 우리 가족은 선생님을 만나러 갔다. 양갈래 머리를 땋아 단정하게 말아 올린 두 딸은 식당에서 얌전하게 동화책을 보았다.
"딸들이 책을 좋아하네."
"제가 선생님 앞에서 예의바르게 있어야 한다고 단단히 일렀어요."
선생님과 나는 먹고 마시며 밀린 얘기를 하였다. 남편은 간간이 거들다가 운전기사를 자처하였다. 반가운 마음에 술을 얼마나 마셨는지 집으로 오면서 차를 여러 번 세웠다.

부여 출장 갔을 때는 선생님이 굿뜨레 메론을 실어주었다. 자랑스러운 선생님이 주신 메론을 나눠먹으면서 선생님 자랑을 하였다. 장학사 공부를 하다가 문득 선생님이 떠올라 전화한 적도 있었다.
'선생님도 이 시간을 다 거치셨을 거야'

내가 장학사가 되었을 때도 가장 먼저 난을 보내주었다. 그 리본은 지금도 간직하고 있다. 스승의 날이면 떠올릴 선생님이 있어 행복했다. 시골집에는 부모님이 있고 학교에는 선생님이 있어 든든했다.

'선생님 퇴임식에 가서 편지를 읽어드릴 수 있으면 좋겠다.'
 퇴임식을 안 하였다. 오랜 기다림이 무색했다. 교대 친구들과 조촐한 축하 파티를 하였다. 선생님이 색소폰을 연주해주었다. 편지는 여전히 쓰지 못했고 숙제를 마치지 못한 학생은 어떤 말을 하고 싶었는지 조금씩 잊혀 갔다.

 집에 도착해서 남편을 태우고 부리나케 출발했다. 선생님이 보내준 주소로 맞추고 홍성을 지나니 어느새 어둑어둑해졌다. 차 안에서 남편과 선생님 이야기를 했다. 전에 뵈었을 때 주중에는 여기서 부모님을 돌보며 나무도 심는다고 했다. 친정 갈 때마다 생각했다.
 '선생님 본가가 여기쯤인데 선생님은 주말이니까 천안 가

셨겠구나.'

  선생님의 부모님이 연로하셨는데 잘 지내는지도 궁금했다.

  전에는 가끔 찾아뵙고 스승의 날 전화도 했다. 전직한 뒤로는 기억이 가물가물했다.
  "네 신랑은 어느 학교에 있니?"
  이렇게 물은 것 보면 최근 3년은 연락을 하지 못했던 것 같다. 드디어 오늘 가게 되었다.

  마을로 접어드니 선생님 말처럼 깜깜해서 논길 운전이 쉽지 않았다. 혼자 왔으면 큰일 날뻔했다. 도착 2분 전이었다. 어둠 가운데 작은 불빛이 보였다. 남편은 저 집인 것 같다며 불빛을 따라 올라갔다. 길모퉁이에 선생님이 나와서 마당 한쪽으로 주차하라고 안내해주었다.

  머리는 하얗지만 목소리는 여전히 카랑카랑하였다. 교직에 있던 그때와 다름없었다. 건강해 보여서 참 기뻤다.

오랜만이라 더 반가웠다. 우리는 마당에 놓인 야외 원목테이블에 앉았다.

  나는 선생님 부모님께 인사드려야 하는 것 아닌가 생각하면서 조심스럽게 방안에서 사람 흔적을 찾으려 했다. 사람이 없는 것 같았다. 선생님은 찐 밤과 사과 2알, 칼, 접시를 내놓았다. 나는 우리 집에 손님을 초대한 것처럼 익숙하게 사과를 깎았다. 저녁을 거르고 왔더니 밤도 맛있고 손으로 집어 먹는 사과도 맛있었다. 한참 이야기하다 보니 부끄러울 정도로 밤껍질이 수북하였다.

  우리가 근무하는 학교와 선생님 자녀의 학교 이야기를 했다. 우리 아이들과 선생님 자녀 이야기도 하였다. 이렇게 파라솔 아래서 우리는 시골 밤공기를 즐겼다. 마치 친정집 마당인 것 같다. 아니면 공기 좋은 남해 어디 펜션으로 선생님과 여행 온 것 같았다.

  "여기는 우리 집사람 놀이터야."

선생님이 작은 꽃밭을 가리켰다. 마당가의 잔디밭에 줄지어 심은 포도나무와 몇 포기 안 되는 봉선화가 단아하기까지 하다. 선생님이 손전등을 켜고 밭 구경을 시켜주었다. 밤톨처럼 야무지게 자란 밤나무가 밭에 가지런히 줄지어 있었다. 이 넓은 밭을 어떻게 관리할까?

"창옥이 너 올 줄 알았으면 밤 좀 남기라고 할걸. 어제 집사람이 친구들 데리고 와서 밤 다 주웠어."
"양배추도 심으셨네요."
"너 양배추도 아니? 가을에 와서 양배추 가져가라."
"그럼요. 저희집도 농사지었잖아요."
"알지."

"창옥이 너한테 뭘 줄까 하다가 내가 직접 농사지은 깨로 들기름을 짰어. 오메가3가 많이 들어 있어서 여자들한테 아주 좋아. 매일 한 숟가락씩 먹어라."
"선생님, 이것은 제가 처음으로 만들어본 딸기잼입니다. 맛이 괜찮아요."

선생님을 만나면 나도 남편도 신난다. 이 나이에 어리광을 부려도 받아주었다.

"선생님 이 사람 혼내주세요."

"야야, 네 신랑처럼 잘하는 사람이 어딨니? 이과장이 최고지."

"집사람 행복하게 선생님 오래오래 건강하세요."

아버님이 지었다는 본채는 문이 활짝 열려 있었다. 한옥이 오래되었지만 관리를 잘 해서 반들반들 고풍스러웠다. 선생님의 부모님 안부가 궁금했는데 묻지 못했다. 선생님이 말을 꺼냈다. 어머님이 먼저 돌아가시고 올 2월에 아버님도 어머님 곁으로 가셨다고 했다. 마음이 덜컹 내려앉아 무슨 말을 해야 할지 생각나지 않았다. 연락한 지 오래되었다는 생각만 들었다.

'내가 힘들었던 사이 선생님도 슬픔이 있었구나.'

아버지가 돌아가셨던 기억이 떠올라 잠시 먹먹해졌다. 늦은 밤까지 우리는 편지로 못한 많은 이야기를 나누었다. 별도 총총 예뻤다.

"야, 이 고추는 내가 다른 집 농약 다섯 번 할 때 한 번만 했어. 그리고 우리 아버지가 100세까지 산 이 샘물로 세 번 씻어서 말린 거야. 장수 샘물이다. 너희들 이것 먹으면 100세까지 장수할 거야."

마루에는 김장비닐 봉지에 담은 고추 포대가 있었다. 남편은 산타클로스처럼 등보다 더 큰 고추 포대를 메고 '선생님표 사랑'을 차에 실었다.

내게는 내 이름을 불러주는 선생님이 있다.
'창옥이냐?'
선생님 목소리를 들으면 나는 해맑은 고3이 된다. 우리 학교에서 선생님을 우연히 만났을 때처럼 오늘도 그렇게 한 달은 웃고 다닐 것 같다. 왜 웃는지 말하지 않아도 그냥 내가 좋아서 웃는다. 이렇게 가끔 떠올리기만 해도 부러울 것 없이 충만함을 주는 선생님. 언제 연락해도 반겨주고 응원해주는 선생님, 내게는 그런 선생님이 있다.

우리 전세 사기 맞대

"엄마, 놀라지 말고 들어. 우리 전세 사기 맞대."

큰 딸이 울면서 전화했다. 순간 숨이 멎는 것 같았다. 드디어 올 것이 왔다. 앞이 보이지 않는 폭우 속에서 운전을 하다가 드디어 비가 멈춘 것처럼 안도감마저 들었다. 후련했다.

'결국 이렇게 되었구나. 사기 맞구나.'

안개 속을 벗어나니 명료해졌다. 사기라고 경찰이 명확하게 전해주니 추상적이지 않고 좋았다. 그 다음은 무엇을 해야 하지?

전세 계약을 하고 1년 동안 얼마나 불안했는지 모른다. 낮에는 일하느라 잊고 있다가 밤에는 불안감이 스멀스멀 올라왔다. '깡통 전세, 전세 사기, 임대차계약, 허그' 검색하다 보면 날이 밝았다. 뉴스에서는 연일 전세 사기 사건으로 난리였다.

"작정하고 사기 치는데 어떻게 안 당해요? 부동산 전문가도 속았대요."

급식을 먹는데 직원이 전세 사기 이야기를 꺼냈다.

'아, 이것은 나를 위로하는 말인가?'

바보 같아서 남들한테 말하지 못했는데 잠시나마 위로가 되기도 했다. 우리가 지금 그 상황이라고 차마 말할 수 없어 영혼 없이 맞장구쳤다. 전세보증금을 생각하면 먹지 않아도 배고프지 않았고, 잠을 자지 않아도 졸리지 않았다.

"우리 전세 계약과 똑같은 수법이야. 우리도 사기 당했나봐."

주말에 가족이 카페에서 오붓한 시간을 보내다가도 나의 귀결은 전세 사기 이야기였다. 불안한데 어디 말할 수는 없고 그래도 가족이니까 같이 걱정하고 싶어 꺼냈다. 처음에는 딸들과 남편이 같이 걱정을 해주었다. 1년이 지나자 딸은 화제를 돌렸다.

"엄마, 귀에 딱지 앉겠다. 미안! 요즘 학교에서 뭐 즐거운 일은 없어? 일이 벌어지면 그때부터 생각하자. 응?"

곤파스 태풍에 거실 창이 통째로 휘청거리는 것을 지켜보면서 차라리 빨리 깨지길 바랐다. 저 창이 넘어가면 어떻게 될까 초조함과 불안 속에서 우리 넷은 서로 안고 울다가 나와보다가를 반복했다. 그 큰 거실 통창이 요가하는 허리처럼 유연하게 휘어지더니 샷시 턱까지 무너졌다. 외부 창이 도미노처럼 안쪽 창을 덮쳐 거실로 와장창 쏟아졌다. 더 이상 불안하지 않았다.

딸의 전화가 그랬다.

노원경찰서에서 걸려온 통화 내용을 전해주었다.
"이영주씨가 살고 있는 오피스텔 임대인이 전세 사기로 조사 중입니다. 보증보험에 들었으니까 너무 걱정하지 말고 경찰서에 직접 와서 진술해주면 좋고 어려우면 메일 보낼 테니 진술서 작성해서 보내주세요."

딸이 울다 멈추고 말했다.

"엄마, 그래도 다행이야. 보증보험은 진짜 가입해주어서."

그 당시는 임대인만 보증보험을 가입하였다. 보증보험 가입 우편물을 받고도 모든 것이 사기 수법과 같아서 이마저 사기면 어쩌나 걱정했다. 이것도 명료해져서 좋았다.

똑순이 작은 딸이 말했다.
"나 없는 동안 셋이 일 벌였네."
남편은 초긍정마인드이어서 나한테 밤마다 걱정하지 말고 자라고 했다.
"공인중개사 믿어. 착해 보이잖아. 너는 왜 사람을 의심하니?"
"아니야, 아무래도 그 오피스텔은 계약하지 않았어야 했어. 자기가 빨리 계약금 주고 내려가자고 서둘러서 그랬어. 처음부터 이상했어."
나도 동의해서 계약하고는 괜히 남편 탓을 하고 싶었다.
"나는 이랬다저랬다 하는 사람이 제일 싫더라. 믿어. 설마 사기겠어?"

답답했다. 남편과 괜히 같이 갔다고 후회했다. 대화가 잘 통했던 딸들도 더 멀어지는 것 같았다.

'오피스텔을 보러 다닐 때는 셋이 같이 보았는데 왜 나만 걱정하고 있지?'

금융교육 강사는 말했다.
"지금도 안 늦었어요. 서울에 아파트를 사세요. 서울에 살지 않아도 아파트를 사는데 자녀가 살고 있는데 왜 월세를 살아요? 하다못해 전세라도 살아야지."

그 말이 꽂혔다.
'그래 전세를 구해보자.'

두 딸은 대학교 기숙사와 오피스텔 월세로 생활하고 있었다. 월세도 아낄 겸 작은 아이가 귀국하면 둘이 한 집에서 살길 바랐다. 공인중개사사무소를 여러 군데 다니면서 파악했어야 하는데 시간이 없어 무리했다. 서울에서 전세계약을 시도했던 우리들의 용기는 참 대단했다. 부동산 지식도 없는 데다가 무모한 시도였다.

노량진 학원가 근처에 있는 투룸을 보러 갔다. 매물이 거의 없었다. 오전 내내 돌았는데 맘에 들지 않았다. 대부분 원룸이고 단독주택을 개조한 다가구주택이어서 안전도 전세금 회수도 어려울 것 같았다. 나의 조건은 까다로웠다.

'학원 다닐 수 있도록 교통도 편리하고, 대로변이어서 밤에 집에 갈 때 위험하지 않아야 하고, 최근 5년 이내 지어진 신축이었으면 좋겠고, 투룸이어야 하고, 현관은 경비 시스템이 되어 있으면 좋겠다. 그런데 가진 돈은 적다.'

오후에 다시 공인중개사사무소 실장을 만났다. 생각을 바꾸어 버스나 전철을 타고 노량진까지 이동할 수 있는 매물을 보았다. 대방동 투룸은 저렴하고 풀옵션인데 근린생활시설이어서 전세권 설정만 가능했다. 초등학교 옆 신축 주택은 신혼부부도 살 수 있을 정도로 쾌적했다. 너무 탐나는데 돈이 턱없이 부족했다. 세상에 내가 원하는 것을 다 갖춘 매물은 없었다. 점점 지쳐갔다.

상도동 오피스텔은 신축 분양 중이며 대로변이어서 버스와 지하철 접근성 좋았다. 원룸이지만 우리가 예상한 돈보다 1억이나 비쌌다. 실장의 친절한 강요에 우리는 점점 넘어가고 있었다.

'9평에서 2명이 살 수 있을까? 우리 둘이 최대한 대출을 받더라도 1억은 어쩌지?'

필요한 자금만큼 대출받을 수 있는 은행과 금융상담사 명함도 주었다. 은행에서 큰딸 명의로 1억 5천까지 대출이 가능하다고 했다.

"오피스텔 담보대출인가요?"

"아니 오피스텔 주인도 아닌데 무슨 담보대출요? 이영주 씨 신용대출입니다."

세상에. 학생인데 무슨 신용대출? 2년 뒤 전세 계약 만료가 되면 우리가 낸 보증금만 받아서 나오면 되는 줄 알았다. 그게 아니었다. 전세 사기의 큰 원인은 은행 대출이라는 생각이 들었다. 은행이 갑이었다.

전세 계약은 처음 해보았지만 가계약한 날부터 뭔지 모르게 이상했다.

'임대인은 없다. 세입자가 생기면 임대인이 생긴다. 분양가와 전세가가 같다. 분양과 임대를 동시에 진행한다. 서울은 다 이렇다.'

엄밀히 말하면 동시가 아니라 임차인이 정해지면 임대인이 나타나 선 임대, 후 분양하는 방식이었다. 실장은 확신에 차서 말하는데 나는 이해 가지 않았다. 우리가 지방에 살아서 서울 상황을 잘 모른다고 하였다. 우리는 세상 물정 모르는 사람이 되었고 더이상 물을 수 없어 불안만 커졌다.

건물주 지인한테 자문을 구했다.

"가계약금을 주었으니 그럼 차라리 그 오피스텔을 분양받아."

그럴 용기까지는 나지 않았다. 돈은 아무나 버는 것이 아니었다.

오피스텔 계약은 건물주와 하고 추후에 임대인한테 계약이 승계되도록 법무사가 알아서 해준다고 했다. 건물주 대신 대리인이 와서 계약하였다. 분양대행 사무소 직원은 세입자에게 2년간 은행 이자를 선금으로 준다고 했다.

'그럼 전세보증금을 줄여주면 될 텐데.'

나중에 알았지만 전세보증금이 실거래가보다 6천이 큰 금액이었다. 신축은 실거래가가 없어 임차인은 알 수가 없었고 우리는 이자를 지원해 주어서 고맙게 생각했다. 하지만 이것도 전형적인 사기 수법이었다.

임대인이 아무런 자본 없이 부동산 투기 목적으로 주택을 매수하고 전세보증금으로 매매대금을 지급한다는 사실, 분양대행업자 등이 리베이트를 나누어 가진다는 사실, 임차인이 지급한 전세보증금에서 위 리베이트를 제외한 금액만 실질적인 분양대금으로 건축주에게 지급된다는 사실을 나중에 알았다.

나에게는 법무사, 분양대행사무소, 위임대리인, 금융상담사, 표준임대차계약서, 확정일자, 보조중개원 모두 낯선 용어였다. 명함에는 실장으로 되어 있어 공인중개사인지 보조중개원인지 알 수 없었고, 대리인 명함은 가명이어서 주민등록등본과 대조해야 했다. 이것을 확인하는 과정은 임차인 권리인데도 의심하는 것 같아 묻기 어려웠다. 그렇게 가계약금 1,500만 원을 포기할 수 없어 돌이킬 수 없는 강을 건넜다.

원팀 이사하는 날

'전세보증보험 반환'을 수없이 검색하며 우리 모녀는 전세보증금을 찾기 위한 절차에 돌입하였다. 블러그를 읽을수록 우리가 이 일을 해낼 수 있을까 걱정되었다. 허그(주택도시보증공사)에 전화했으나 받지 않았다. 벨은 울렸지만 수신하지 않는 전화 같았다. 일을 벌린 사람이 해결하라고 하더니 답답하니까 결국은 작은 딸이 허그를 방문했다. 임대인 이름을 듣더니 직원이 찾아보지도 않고 바로 응대했다고 했다.

"아 강지만씨 협조를 잘해주세요. 바로 전화해서 필요한 서류 받아요."

작은 딸이 유쾌하게 전화했다.

"엄마, 허그에서 우리 임대인 유명 인사야. 이름 대니까 바로 알아."

그동안은 임대인과 통화가 불편하여 미루었다. 솔직히 절차도 잘 몰랐고 이렇게 복잡하리라는 생각은 더더욱 못했다.

"엄마, 보증보험 반환 신청하면 2달 뒤에 나온다니까 종강하고 12월에 하자."

"학교는 이사가서 다녀도 되지. 보증금을 찾는 것이 우선이야."

"엄마는 걱정이 많아. 너무 일찍 신청하면 이사 가야지. 그럼 학교 다니기 힘들어."

"그래도 하는 것이 좋을 것 같아. 지금이라도 하자."

추석 연휴에 넷이 식탁에 앉아 마음의 준비를 하고 스피커폰으로 임대인에게 전화를 걸었다. 로봇처럼 전세를 연장하지 않는다는 의사를 전달하고 녹취했다. '중도해지합의서'에 서명해서 보내준다고 순순히 말했다.

"아, 그래도 감사하다."

"엄마, 감사하긴 뭐가 감사해? 나쁜 사람이지. 기가 막힌다. 화가 나서 어떻게 될 것 같은데 탄원서를 써달라고 부탁하니 참 뻔뻔하다."

"그러게. 나도 왜 감사해야 하는지 모르겠다. 전화를 받아서? 합의서 서류를 보내준다고 해서?"

"엄마 그래도 얼마나 다행이야. 서류를 안 보내주면 어떻게 할 거야. 임대인 연락이 안 되어 전세보증보험 반환 신청을 못하는 사람도 많아."

큰 딸은 남편처럼 늘 상황을 긍정적으로 생각했다.

전세보증보험 반환 신청을 하기 위해서는 먼저 **임차권등기 명령 신청**을 해야했다. 두 딸은 서초동에 있는 서울중앙지방법원에 가서 임차권 등기 명령 신청을 했다. 등기부등본 포함 7개 서류를 갖추는데 꼬박 하루가 걸렸다고 했다. 어느새 딸들이 어른이 되어 있었다.

임차권 등기 명령을 신청하고 한 달 뒤 등기부등본을 확인하니 을구에 기재되어 있었다. 허그 콜센터에 전화하니 담당 센터와 필요한 서류를 안내해주었다. 계약 해지 합의서 포함 12개의 서류를 갖추어 **전세보증금반환 청구**를 하였다. 오피스텔이어서 중개대상물확인설명서도 필요했다.

모든 서류는 임차권등기명령이 등기된 이후 최근 것으로 발급받아야 했다.

임차권 등기 명령 신청과 동시에 **전세를 구하기 시작했다.**
"어떤 매물을 원하세요?"
"2호선 역 근처로 지하철역에서 10분 이내며, 대로변에 위치하여 안전한 곳, 투룸 40㎥ 이상 오피스텔 또는 소형 아파트로 준공 5년 이내 풀옵션, 전세보증금은 2억~3억이며 관리비 10만원 이내, 청년버팀목대출이 가능한 매물로 계약서에 버팀목 대출이 안 될 경우 계약 무효라고 해주면 좋겠어요."
"그런 매물이 바로 사기입니다. 어떻게 적은 돈으로 좋은 매물을 원해요?"
"다가구는 전혀 안 되나요?"
"네. 안 됩니다."

우리 모녀는 관악구, 동작구, 강남구, 광진구의 지하철 2호선 라인으로 발품을 팔았다. 그리하여 임대인과 임차인

구분도 못했던 우리는 공인중개사 자격증을 딸 수도 있을 것 같았다. 인터넷 등기소 앱을 깔고 열람하다 보니 조금씩 다른 점이 보였고 매물 조건을 보면 사기인지 아닌지 대강 파악할 수 있었다.

"아니, 그렇게 전세 사기를 당하고도 또 서울에서 전세를 구해요? 대단하다. 나 같으면 월세를 얻어주겠다."

동료가 칭찬인지 비난인지 모를 말을 하였다.

전세 사기 경험은 두 번째 전세 구하는 데 큰 도움이 되었다. '공인중개사가 임대인에 대해 아는 매물 선택하기, 인근 전세 시세 알아보기, 급하게 구하지 말기(매력적인 매물은 또 생긴다.) 등기부등본 검색하여 압류 및 근저당 확인하기'

드디어 허그 버팀목 대출 승인이 날 수 있도록 금액을 맞추어 놓은 매물을 찾았다. 모든 조건을 맞출 수 없어 전세 보증금 내에서 지하철 2호선 교통편이 가능한 매물을 선택했다. 아는 공인중개사는 세상이 힘해서 임대인을 믿는 것

보다 보증보험 가입이 가장 중요하다고 하였다. 그래서 입주 전에 보증보험을 가입이 가능한 매물인지 확인할 수 있는 청년버팀목대출을 신청하였다.

그래도 배울 것이 또 있었다. 공인중개사사무소명이 명함과 서로 달랐다. 또 불안해졌다. 넷이 정보사냥대회에 출전한 선수처럼 검색을 하였다. 전세 사기 이후 많은 정보가 안심전세포털에서 검색이 가능했다. 공인중개사사무소와 공인중개사, 보조중개원이 공개되어 있는데 일치하지 않았다. 어렵게 전화해서 계약 시 공인중개사사무소명을 물었다. 이런 것까지 임차인이 다 알아봐야 하는 것일까?

계약 당일 임대인과 직접 계약하기와 국세, 지방세 완납 확인을 요청하였으나 계약을 취소하자는 말만 돌아왔다. 서울에서 임차인의 권리는 없었다. 공인중개사가 임차인을 대변해준다는 내 생각은 착각이었다. 임대인을 대변해주고 있었다. 집이 없는 우리가 을이었다. 공인중개사와 통화한 날은 속상해서 밥도 먹지 않았다. 그래도 전세를 살아야 하니 참았다. 남편은 말했다.

"그 공인중개사와 전화하면 자동으로 다이어트 되고 얼마나 좋아."

공인중개사는 전입날짜를 빨리 알려달라고 보챘다. 안 그러면 다른 세입자와 계약한다고 했다. 허그로 이사가는 것은 쉬운 것이 하나도 없다.

"우리가 전입 날짜를 정할 수 있으면 얼마나 좋겠어요. 허그에서 전세금을 받고 가야 해서요. 통화가 안 되어서 내일까지만 기다려 주세요."

나는 살면서 전화통화가 안될 때마다 생각했다.

'허그도 전화를 받을 때가 있는데 왜 통화가 안 되겠어?'

허그와 통화는 감격 그 자체였다, 어느 날 통화가 되었다. 언제 전세보증금이 입금되는지 문의하였다. 임차인 이름을 묻고는 전세보증금반환보증을 확인하더니 없다고 했다. 순간 세상이 멎는 것 같았다. 경찰서에서 분명히 보증보험 들어서 다행이라고 했는데. 우리는 임대인보증보험이라는 것을 알게 되었다. 임대인이 든 임대인보증보험과 임차인이

든 전세보증금반환보증은 서로 달라서 반환 절차나 기간도 달랐다. 세상에 배울 것이 너무 많았다.

버팀목청년전세대출을 취급하는 은행이 다섯개 있고 무직자도 대출이 가능하다고 했다. 하지만 실제 은행을 방문하면 수입을 묻고 대부분 거절을 했다. 블러그에는 지역마다 어느 은행이 해준다는 글도 올라왔다. 작은 딸이 이사갈 곳 은행을 방문했다.
"엄마 거절당하는 기분이 어떤지 알아?"
두 번 거절당하고 세번째로 국민은행에서 대출 신청을 하게 되었다. 작은 딸이 휴학하고 1년 정도 소득이 있어서 다행이었다. 대출 절차는 보증금 반환 신청과 별도로 진행되었다. 언제 이사를 갈 수 있을지는 안개 속이었다. 그래도 다행인 것은 임대차기간이 2년이지만 허그를 통해 전세보증금을 받을 때까지 거주할 수 있었다.

드디어 이삿날이다. 새벽 6시부터 시작했다. 이삿짐센터는 짐을 쌌다. 우리는 관리비, 가스비, 수도세 각각 완납 확인 영수증을 챙겨 보냈다. 그리고 행정복지센터에 가서 명도 내용증명을 하였다. 짐을 뺀 뒤 수납장을 모두 열고 오피스텔 곳곳을 사진 찍어서 허그 담당자에게 메일로 보냈다. 담당자마다 80여 개 명도 관리를 해서 매우 바쁘다고 했다. 10시 이전에 명도 확인해야 오전 중에 입금된다고 했다.

이삿짐센터와 우리는 짐을 싣고 기다렸다. 이사가는 곳은 15분 거리인데 허그 승인이 나야 전세보증금이 반환되기 때문에 들어갈 수 없었다. 이삿짐만 미리 복도에 내려놓을 수 있는지 물었으나 완강했다. 전세보증금을 선입금해야만 가능하다고 했다. 그럴 줄 알았다. 서울은 에누리가 없다. 이사 가다 말고 우리는 다같이 국민은행에 들렸다.

12시, 허그에서 우리가 상환하지 못한 전세보증금을 제외하고 입금되었다. 진짜 우리가 해냈다. 감격이었다. 그동안 걱정하고 서로한테 짜증 냈던 것이 사그라들었다. 특히 둘째 딸이 법원과 허그에 다니면서 보증금 반환 청구하고 은행에서 전세 대출받느라 고생 많았다. 허그의 전세보증금을 돌려받기 위한 절차가 복잡하고 기간도 7달 걸렸다. 경찰서에서 전화 받고 1년 지났다.

"우리는 훌륭한 원팀이었어."
우리는 빵 터졌다. 남편도 말하고도 웃긴지 환하게 웃었다.
"자기가 무엇을 한 게 있다고 원팀이야?"
"엄마, 아빠가 서울 올 때마다 운전해주었잖아."
"그래 엄마, 우리 오피스텔 다른 임차인들은 임대인 서명 받으러 구치소에 같이 갈 사람 구한다고 붙었어. 우리는 미리 받아서 얼마나 다행이야. 안심전세 포털에 전세 사기 임대인 명단 공개했는데 우리 임대인이 1위야. 금액이 가장 크더라. 아마 연예인보다 싸인 더 많이 할걸."

이삿짐이 들어왔다. 나는 숨쉬는 것도 절약하며 정리에 집중했다.
"엄마, 커피 마시고 싶지? 로스팅 잘하는 카페에서 커피 주문할게."
나가면 5분 거리 안에 2,000원대 아메리카노도 많았다.

나는 예가체프처럼 산미가 있는 커피를 좋아하지만 굳이 집을 정리하다가 커피 맛을 느끼는 여유를 가지고 싶지 않았다. 딸들이 서울에서 살면서 소비에 익숙한 생활을 하는 것 같아 문득 심통이 났다.

"난 아무 커피나 먹어도 돼."

"엄마 이왕이면 좋아하는 커피 마시면 좋지."

"괜찮아. 난 커피 안 마셔도 되니까 집 정리나 빨리했으면 좋겠어."

나는 정신 없이 바쁜데 정작 딸들은 한가한 것 같아 퉁명스럽게 말했다. 어른스럽지 못하게 대화하고 있었다.

"엄마, 왜 그래? 우리는 엄마 생각해서 그랬지. 오늘 저녁은 석촌호수 벚꽃 구경하고 엄마가 좋아하는 송리단길 떡볶이집에 갈까?"

"내일 아침은 익선동 유명한 브런치 있는데 거기 가서 먹을까?"

딸들은 나를 위해 제안했고 나는 딸의 제안을 거절하지 못해 석촌호수 벚꽃 구경을 가기로 했다. 딸들은 외출 준비를 길게 했다. 큰 딸은 짧은 스커트에 롱부츠를 신었다.

"안 덥니?"

"안 더워."

짐정리를 하다 말고 이렇게 나들이 가는 것이 매우 불편했다.

'정리는 언제 하는 거야?'

"엄마가 힘들게 일하니까 서울에서 맛있는 것 먹고 꽃구경시켜 주고 싶어서 그래."

석촌호수 사거리 신호등 앞에 서 있는 사람들만 보아도 피로가 몰려왔다.

떠밀려서 석촌호수를 반시계방향으로 도는 거대한 행렬에 합류하였다. 서울 사람들이 여기 다 모여 축제를 벌인 것 같았다. 놀이동산에서 보는 호수와는 달랐다. 호수를 품은 벚꽃 둘레길은 최고였다. 롯데월드 놀이기구 뒷쪽 빌딩 사이로 해가 서서히 떨어지는 광경까지 덤으로 보았다.

30년 전 이곳 롯데월드에서 웨딩 촬영한 기억이 났다. 웨딩 촬영비 5만원을 내고 입장했다. 빨간 전화부스에서 드레스와 턱시도를 입고 서로 전화하는 장면도 연출하고 호수 옆에서 악기 부는 장면도 연출했다.

"영주야, 너 세 살 때 롯데월드에서 외삼촌과 열기구 타면서 엄마랑 타겠다고 서럽게 울었어. 막내 외삼촌이 임신한 엄마 대신 조카와 놀아준다고 왔다가 혼을 뺐어. 영주 참 까칠했어."

잠시 추억에 젖었다.

벚꽃 구경을 하고 송리단길 떡볶이를 먹으러 30분 더 걸었다. 2시간 넘게 걷고 웨이팅을 하니 이래저래 피곤하고 배도 고팠다. 즉석 감성 떡볶이는 엄청 맛있었다. 이 때는 무엇을 먹어도 맛있을 것 같았다. 짐정리를 끝내고 쉬어야 하는 나는 MZ 세대 딸아이가 배려한 다르게 쉬는 법을 체험했다.

엄마가 살아가는 힘

비가 와서 밖은 바람 불고 싸늘했다. 엄마는 날씨가 따뜻해야 밖으로 나갈 수 있다. 외출이 별것도 아니다. 네모난 의자가 달린 노인보행기를 뒤에서 밀며 한 걸음씩 걸었다. 정확히는 보행기에 기대어 굴러가는 바퀴를 따라간다는 표현이 맞다.

평일에는 요양보호사가 아침식사를 챙겨주고 오후에 다시 와서 저녁식사를 차려주었다. 주말에는 우리 형제가 5주에 한 번씩 엄마를 돌보았다. 토요일에 가서 자고 일요일 저녁까지 챙겨주면 임무 끝이었다. 5년 전 아버지가 돌아가신 후부터 이것이 우리 형제의 룰이 되었다. 가까이 살아서 매주 가던 때도 있었는데 룰을 정하고 나니 더 자주 가지 않았다. 하여튼 외동이 아니어서 다행이었다. 이번 주는 내 차례였다.

언젠가 의료원 사거리 신호등 앞에서 본 장면이 떠올랐다. 할머니를 노인유모차에 태우고 할아버지가 인자한 모습으로 밀며 길을 건넜다. 유모차를 미는 것 같지만 할머니가 앉은 무게에 기대어 할아버지가 걷고 있었다. 남편과 소백산 산행을 할 때도 새벽안개가 어스름한데 노부부가 손을 잡고 산을 오르고 있었다. 늙는다는 것은 이런 것이었다.
"우리도 늙으면 저렇게 살자."

그 모습이 너무 좋아 보여 이렇게 말하면서도 우리가 그 나이가 되는 날이 오지 않을 것만 같았다. 벌써 그 비슷한 나이가 되었다. '바램' 노래 가사처럼 아름답게 익어가는 부부.
'우린 늙어가는 것이 아니라 조금씩 익어가는 겁니다.'
사이좋은 노부부의 사소한 행복이 건강한 다리로 걷고 있는 내게 전해졌다.

오늘은 바람도 적고 따뜻해서 엄마한테 밖에 나가자고 설득했다. 우리 있을 때 외출하지 않으면 일주일 동안 방안에

만 있어서 답답할 것 같았다. 엄마는 긴 겨울동안 거실에서 보행기에 의지해 걸었다. 밖에 나가는 것을 매우 불안해했다. 드디어 엄마가 결심을 했다. 내가 사준 분홍색 뽀글이 조끼를 입고 스카프를 머리에 둘러 싸매서 눈만 보였다. 현관을 나와 계단 손잡이를 잡고 마당으로 내려왔다. 나는 지팡이를 들고 엄마가 미는 보행기를 따라갔다.

텃밭을 구경했다. 지난 주말에 심은 아삭이고추, 방울토마토, 상추, 가지, 아욱, 땅콩, 옥수수 모종이 제법 자랐다. 밭 가에 심은 옥수수는 성큼 자라서 마을사람들에게 밭과 길의 경계를 알려주는 울타리 역할을 했다. 큰 딸이 아욱씨를 뿌려보고 싶다고 손에 씨앗을 털다가 놓쳤다. 씨앗이 한꺼번에 쏟아졌다. 솎아주면 되니까 괜찮다고 했다. 그 아욱 싹이 잔디처럼 붙어서 파릇파릇 돋아났다. 싹이 난 것이 기특해서 사진을 찍어 가족톡에 올렸더니 아욱 싹이 예쁘다고 난리였다. 흙에 물만 주면 싹이 움트는 계절, 자연의 신비에 감탄했다.

엄마랑 느릿느릿 마을 위쪽으로 올라갔다. 내가 태어난 이 마을은 개천을 따라 일자로 15채 정도 살았다. 지금은 이사 가서 몇 집은 없어지고 몇 집은 위치 좋은 곳에 새로 집을 지었다. 또 도시 사람들이 별장을 짓고 마을로 들어왔다. 10채 정도 살고 있다. 시골도 어릴 때와 다르게 모든 집이 꽃과 나무가 있어 사계절 다 예쁘다. 개천을 따라 올라가면 마지막에 온양댁이 있다. 오늘도 거기까지 갈 양이었다. 결혼한 뒤로 본가에 오면 남편과 온양댁까지 산책하였다. 그 양반집 주변은 볼거리가 많았다. 남편은 유독 그 집을 좋아했다.

살금살금 걷고 있는 엄마 모습을 동영상으로 촬영하였다. 궁금해하는 형제들한테 인증샷으로 보냈다. 길에서 엄마 친구를 만났다. 그 아주머니는 보행기를 밀며 엄마보다 더 힘겹게 걷고 있었다. 자기 집에 들어가서 놀다 가라고 했다. 나는 그러자고 했다. 엄마는 딱히 내키지 않는지 그냥 가자고 했다.

"내려오면서 들릴 게요."

아주머니가 아주 좋아했다.

엄마는 젊었을 때도 지금도 남의 집에 잘 가지 않았다. 원래 사람들과 어울리는 것도 별로 좋아하지 않고 지금은 마음대로 걸을 수 없어 불편해 하였다. 경로당도 다니지 않았다. 놀러온 아주머니들이 이야기하면 주로 듣기만 한다. 그래서인지 거만하다는 소리도 들었다. 우리 형제들은 엄마가 다른 사람들과 어울려 맛있는 것 먹고 놀러도 다니길 바랐다. 내가 걱정하지 않아도 엄마가 행복하게 지내고 있다는 안도감이랄까. 우리 딸들도 나한테 같은 말을 하였다.

온양댁 표지석 '자계고택' 앞은 돌과 철쭉이 어우러져 화려했다.
"엄마, 여기서 사진 찍고 가자."
엄마가 보행기에서 돌로 이동하다가 땅바닥에 주저앉았다. 나도 놀랬다. 내가 번쩍 안아서 일으켜 세웠지만 엄마는 다리 힘이 없어 다시 철퍼덕 앉았다. 한참 있다가 불안한지 한 손으로는 돌을 잡고 몸은 나한테 안겨서 납작한 돌에 앉았다. 사진도 찍고 쉬었다. 온양댁 밭에는 처음 보는 주황색 철쭉이 나의 눈을 사로잡았다. 단연 돋보였다. 맑은 주황색일까. 글로 표현되지 않는 색감이 너무 매력적이었다. 그 집 마당에서 꽃구경을 실컷 하고 발길을 돌렸다.

내려올 때 들리겠다고 약속한 아주머니네 마당에 도착했다.

"엄마, 혜미 엄마 기다리니까 들어갔다 가자."

"안돼. 저기서 쳐다보고 있는데 어떻게 들어가? 그냥 가자."

엄마가 말했다.

맞은편 집 마당 벤치에서 한 남자가 손을 격하게 흔들었다. 챙 넓은 갈색 모자를 쓰고 여기로 오라고 했다. 주말마다 온다고 엄마가 부러워하던 그 아들, 어른이 되어서는 본 적이 없는 그 집 아들인 줄 알았다. 가까이 가보니 남편이었다. 남편 옆에는 그 집 아주머니가 있었다. 남편은 텃밭에 아삭이고추 지지대를 세우고 우리 찾으러 올라오다가 그 아주머니를 만났다고 했다. 거기서 붙잡혀 이야기를 들어주고 있었다.

'나랑 엄마 없이도 이렇게 자연스럽게 다른 집에 있다니?'

우리가 가끔 그 집 구경을 갔다. 그때마다 아주머니는 신나서 이야기했다. 꽃 자랑, 아들 자랑을 할 사람이 필요했다. 아주머니의 아들은 집 마당과 텃밭에 예쁜 꽃도 심고 창고도 완벽하게 정리해놓았다. 예쁘고 깔끔해서 감탄이 저절로 나왔다. 남편과 나는 시골 사람들 장단을 잘 맞추어 준다. 엄마는 우리들에게 그 집 꽃구경하라고 했다. 내심 부러워했다. 아주머니는 우리 주라고 깻잎, 찐옥수수, 블루베리를 가져다 주었다. 형제들은 자기도 블루베리 좋아한다고 부러워했다.

엄마의 레퍼토리는 매번 같았다. 내가 가면 쉬지 않고 말했다. 어느 때는 TV 보면서 건성으로 들었다. 올라갈 때 만난 아주머니와 내려올 때 본 두 아주머니 이야기였다. 개울을 가운데 두고 마주보는 집인데 우리 어렸을 때부터 사이가 안 좋아서 아직도 서로 말을 안 하고 지낸다. 우리 집 대문을 열어 놓으면 아침부터 한 아주머니가 놀러 온다. 다른 아주머니는 왔다가 마당에 다른 아주머니의 보행기가 있으면 들어오지 않고 그냥 갔다가 보행기가 없어지면 얼마 뒤에 다시 온다. 엄마는 그게 싫다고 했다.

"그럼 말을 해. 같이 놀러 오라구."
"어떻게 말을 혀? 평생 서로 말을 안 하고 살았는디."
"그럼 지금처럼 두 분이 따로 오는 것을 즐겁게 생각해야겠네."

엄마는 놀러온 아주머니와 쇼파에 앉아서 이야기하면 반갑기도 한데 힘들어서 누워 있고 싶어했다. 누울 시간 없이 연이어 오면 계속 앉아있어야 한다고 불평을 했다. 행복한 투정이었다. 두 아주머니는 매일 잠깐씩 들러서 밤새 별일 없는지 안부인사를 하고 이야기하고 갔다. 두 아주머니는 서로 다른 매력이 있었다. 먹을 것을 주기도 하고 엄마가 채송화꽃 예쁘다고 하면 적당히 나누어주었다. 물론 엄마도 꽃과 먹거리를 그만큼 나누어주었다. 마을에서 엄마가 혼자 살 수 있는 것은 요양보호사와 두 아주머니, 동네 오빠 덕분이었다. 동네 오빠는 아버지가 살아계실 때 인연으로 지금까지 농사도 지어주고 가끔씩 집도 돌봐주었다.

 기다리는 아주머니한테 죄송하지만 난처한 엄마 마음을 헤아려 그냥 지나쳤다. 놀다 가라고 손짓하는 아주머니는 못 본 척, 방에서 기다릴 아주머니는 모르는 척 했다. 어쩔 수 없었다. 엄마는 어느 한 집만 가면 시기해서 안 된다고 했다. 두 아주머니 사이에서 불필요한 오해를 안 받으려는 엄마의 현명함인 것 같지만 엄마는 애초에 누구랑 말하는 것을 즐기지 않았다.

 남편이 막 뛰어왔다. 다시 우리 텃밭으로 돌아왔다. 엄마는 고만고만하게 자라고 있는 채소들을 더 보고 싶은지, 걸음마가 어려운지 쉬었다 가자고 했다. 별채 뒤쪽에는 무쇠 가마솥을 얹은 부뚜막이 있다. 그 시멘트 부뚜막에 앉았다.

30여 년 전 집을 지을 때 아버지는 큰일이 있으면 시골에서는 가마솥이 필요하다고 해서 만들었지만 요즘은 경조사를 집에서 하지 않아 쓸 일이 없었다. 갑자기 남편한테 주황색 철쭉을 보여주고 싶었다. 엄마는 잠깐 쉬라고 하고 우리는 온양댁으로 생각지도 못한 긴 여행을 떠났다.

온양댁 이야기

"와 이 철쭉 색깔 신비롭다. 처음 본다. 주황색도 아니고 주홍색도 아니고 진짜 선명하다. 그치?"

"와 나무가 엄청 다양해. 수형도 예쁘다. 어떻게 이렇게 키웠지?"

"화담숲에도 이렇게 소나무 분재를 심어 놓았잖아. 면장님도 분재 하셨나봐."

나는 남편한테 쉬지 않고 말했다. 학교숲을 조성한 후로는 꽃과 나무를 보면 내 자식처럼 애틋해서 나도 모르게 말이 많아졌다. 우리 말소리가 들렸는지 면장 아저씨가 나왔다.

"안녕하세요? 저 주황색 영산홍이 예뻐서 구경 왔어요."

공원도 아닌 남의 집 마당을 한참이나 구경하고 있는 우리가 멋쩍어서 내가 말했다.

"그것 철쭉이야. 색이 특이하지. 저기 사는 분도 꽃을 워낙 좋아해서 나누어 주었어."

면장 아저씨는 도시에서 귀촌해 예쁘게 지은 전원주택을 가리켰다.

텃밭 가운데에는 4개의 쇠지지대를 사각으로 꽂고 망으로 둘러쳐 놓았다. 천연기념물 보호구역 같았다.

"여기는 왜 보호망을 쳐놓았어요?"

내 눈에는 일반 작약과 다를 바가 없어 물었다.

"작약에 목단을 접목해서 2년째 키우고 있어. 어떤 꽃이 필지 궁금해."

면장 아저씨는 목단 접목하는 방법을 자세히 설명해 주었다. 나는 듣기는 했지만 잘 이해가지 않았다.

나무시장에 가면 얼마든지 비싸지 않게 꽃모종을 살 수 있는데 어렵게 산다는 생각이 들어 내가 물었다.

"목단 접목하고, 황금주목 삽목하고 쉴 시간이 없을 것 같아요."

"젊어서부터 이런 일을 좋아했어. 나무를 가꾸려면 경제적인 뒷받침도 되어야 하고 건강도 따라야 하는데 쉽지 않네. 풀한테 졌어."

면장 아저씨는 비닐 온실로 향했다. 우리는 홀린 듯 뒤따라갔다. 안에는 2단 선반을 설치하고 귀한 화분을 모아서 관리하고 있었다. 단풍나무 분재는 줄기가 특이해서 딱 보아도 가치 있어 보였다.
"이사올 때 분재를 150여 개 가지고 왔는데 죽기도 하고, 땅에 옮겨 심고 해서 이것만 남았어."
'그래서 온양댁 주변이 나무농장이 되었구나.'

바깥마당 오른쪽은 화단을 조성하고 있었다. 화단 앞에 U관을 묻어 수로를 만들었다. 돌담 옆 화단 시작하는 곳에는 큰 이팝나무꽃이 하얀 쌀밥을 가득 담은 것처럼 활짝 피어 있었다.
"이팝나무 수형이 멋져요. 원숙미가 느껴져요."
내가 감탄했다.

"이 이팝나무? 50년 넘었지."
'내가 이팝나무를 안 지 10여 년 되었는데 나 어릴 적에도 있었구나.'

"이 자주색 꽃과 돌담이 잘 어울려요."
"인동초. 김대중 대통령을 이 인동초에 비유하잖아."
"저는 인동초는 흰색과 노란색 꽃만 있는 줄 알았어요."
나 어릴 적 우리집 돌담에도 인동초 덩굴이 있었다.
"돌담도 관리가 쉽지 않네."

대문 안에는 멋진 향나무가 떡 버티고 있었다. 면장 아저씨가 우리 마을 면장으로 있을 때 즈믄해를 맞아 기념 식수한 것이었다. 'OO면장 이**' 퇴임한 지 20여 년. 아직도 현직에 있는 사람처럼 대화도 잘되고 박식하며 발음까지 정확했다.

우리에게 집안으로 들어오라고 했다. 아래채만 입식으로 리모델링을 해서 아저씨 부부가 살고 있었다. 둥근 나무 쟁

반에 박카스 3병을 내왔다. 면장 아저씨는 안마당 평상에 앉고 남편과 나는 마당과 마루 사이에 턱을 올린 토방에 앉아 아저씨와 마주 보았다.

"어렸을 때부터 집안이 궁금했는데 처음 들어와 봐요. 제가 어렸을 때 본 집이 맞아요?"
믿어지지 않아 내가 물었다.
"다 그렇게 물어봐. 집이 이렇게 작았냐고?"
면장 아저씨가 바로 대답했다. 기억 속 온양집은 고래등 같은 기와집이었다. 마을 사람들과는 품격이 다른 기품 있는 양반집이었다.

대청마루 기둥마다 흰색 바탕에 파란색 한자로 쓴 나무 액자가 걸려 있었다. 서예 동아리 활동을 한 우리 부부에게 서예는 흥미로왔다.
"저것은 누구 글씨예요? 이렇게 잘 쓴 예서는 처음이에요."
남편이 조금 과장되게 물었다.

"내 할아버지 외숙 글씨야. 할아버지 외숙되시는 분은 글씨를 아주 잘 쓰기로 유명했어. 혹시 우리 할아버지 본 적 있나?"

면장 아저씨가 나를 쳐다보며 물었다.

"생각이 잘 안 나요. 예서가 진짜 단아하네요. 그런데 파란색 글씨는 드문 것 같아요."

"할아버지 외숙이 쓴 글씨로 판각해서 단청 물감으로 칠한 거야. 단청 물감이 오래 가거든."

면장 아저씨의 할아버지 이야기가 시작되었다.

"할아버지는 외갓집인 온양에서 외할아버지한테 학문을 배웠대. 워낙 영민해서 글을 빨리 깨우쳤대. 20세가 되던 해, 더 배울 것이 없으니 집으로 돌아가도 좋다고 했대. 외할아버지는 '집에 매화나무가 있느냐? 군자의 집에는 매화나무가 있어야 한다.'고 말씀하시고는 홍매화와 백매화 두 그루를 주셨대. 그 때 심은 나무가 이것과 저것이야. 할아버지는 밤에도 어른들 몰래 이불을 쓰고 글을 쓸 정도로 지나치게 학문에 몰두하여 부모님이 걱정했대."

그 매화나무는 150년이 넘어 아름드리로 자랐다. 매실이 열리는 일반 과일나무가 아니었다. 할아버지의 외할아버지가 지닌 삶의 철학이 담긴 이 매화나무는 고유명사였다. 내가 어릴 적 새벽마다 떨어진 매실을 주워 할머니와 할아버지한테 주었는데 노란 매실에 이런 이야기가 담겼는지 상상도 못했다. 왜 '온양댁'이라고 불렀는지 50년이 지난 지금 알게 되었다.

'승우만당(勝友滿堂)' 현판도 보였다.
"전서가 멋져요. 누구 글씨예요?"
호기심 천국인 내가 물었다. 마을 인근에 개관한 박물관 관장과 인연으로 친분 있는 서예가가 현판을 써주었다고 했다.
"이길 승이기도 하지만 여기서는 훌륭할 승, 벗 우, 가득 찰 만, 집 당이야. 훌륭한 친구가 가득차게 오는 집이란 뜻이야. 뜻밖에 좋은 선물을 받아서 여기에 걸었지."
'녹우당', '다산초당'처럼 자계고택이란 이름을 달고 있으니 온양댁 이야기가 더 빛났다. 이름을 불러줄 때 나에게 의미가 있는 것처럼.

면장 아저씨는 할아버지와 그 할아버지의 외할아버지와 지금도 함께 살고 있었다. 나무 한 그루마다 얽힌 사연이 있고, 연못에 추억이 있고, 기둥과 현판에 조상의 철학이 깃들어 있었다. 고택이 불편하지만 최소한의 보수를 하면서 조상들의 삶을 이어서 살고 있었다. 면장 아저씨에게 집은 하우스가 아니라 역사이고 유산이었다. 문득 부러웠다.

내가 살고 있는 아파트는 20여 년이 되어 간다. 전문가 손길로 만들어진 전원주택에서 사는 이들이 부러웠다. 아파트와 주택, 리모델링과 작은 아파트로 이사 중 어떤 선택을 할지 몇 년째 고민하고 있다. 아파트 603호는 수감번호 같다. 온양집을 다녀와서 우리 집도 이름을 지어야겠다는 생각을 했다. 새집이 주는 편리함으로 우리의 추억을 놓아버렸다. 좀 낡았어도 우리 가족의 삶이 담긴 603호 스토리를 만들어가고 싶은 강한 욕구가 일었다.

문득 시간이 많이 지났다는 생각을 했다.

"자기야 빨리 가자."

텃밭으로 뛰어와 보니 엄마가 없었다. 그 순간 우리가 돌보던 날 엄마가 방에서 넘어졌던 일이 떠올랐다. 눈깜짝할 사이에 일어났다. 명절 연휴에 병원에 가서 정밀검사하고 깁스해서 형제들을 놀라게 했다.

"어쩌지?"

집으로 뛰어들어가니 엄마는 태연하게 쇼파에 앉아 있었다.

"엄마 미안해. 어떻게 왔어?"

"왜? 거기서 살다 오지 그랬어."

아무리 기다려도 우리가 오지 않아서 혼자 집에 들어오긴 했는데 아직도 화가 안 풀린 것 같았다. 정말 다행이다. 정말 다행이었다.

함양 여행, 모두가 꽃이었습니다

"함양요? 함양은 나비축제 밖에 생각나는 것이 없어요."
함양이 여행하기 좋다는 선배부부의 제안에 내가 말했다.
"나비축제는 함평이고."
"아, 그런가요? 부끄러워라. 함양은 어디에 있어요?"
"경상남도야."
선배부부의 상림공원 소개를 들으며 함양에 대해 처음 알게 되었다. 여름방학이 되어 우리는 지난해 폭설로 가지 못한 함양 여행을 계획하였다.

젊었을 때는 나는 낯선 곳으로 떠나는 것을 좋아해서 여행지는 물론 숙소, 식당을 완벽하게 예약하였다. 여행 이야기만 하면 에너지 넘치는 나에게 남편은 말했다.
"왜 꼭 계획을 세우고 가야 해? 여행이잖아. 집을 떠나서 맛있는 것 먹고 마음에 드는 곳 있으면 잠시 머물러도 되잖

아. 그게 진정한 여행이지."

여행을 생각할 겨를도 없이 날짜가 다가왔다. 남계서원 근처에 숙소를 잡고 그 외 일은 선배 부부의 의견을 따르리라 생각했다. 그런데 남편이 여행 전날 저녁에 아무 말없이 나에게 여행 일정표를 주었다. 결혼하고 남편이 처음으로 여행 일정을 짰다. 놀랍다! 나는 남편이 여행 계획을 세우는 것을 싫어한다고 생각했다.

"자기한테 이런 면이 있었어?"

딸들도 놀랐다.

"와, 아빠 대단하다! 하긴 아빠도 수학여행 계획을 세운 경험이 많잖아."

"자기야, 아침 산책까지 넣으니까 우리 수련회 가는 것 같다."

1일차 산청, 2일차 거창, 3일차 함양으로 여행지, 식사 메뉴, 카페까지 써있었다. 솔직히 조금 걱정도 되었다. 넷이 패키지 여행을 가본 적은 있지만 자유여행은 처음이었다.

'마음을 잘 알아주고 편한 분들이지만 감성숙소 한옥스테이는 나도 처음이라 불편하지는 않을까? 남편이 짠 일정표가 부담스럽지는 않을까?'

식사는 편하게 사먹자고 했는데 혹시 삼겹살 먹을까 해서 양파도 까서 챙기고, 김치, 사과 4알, 방울토마토와 견과류도 챙겼다.

가장 먼저 수선사에 도착했다. 산청하면 지리산이 연상되었다. 그게 다였다. 수선사라는 절은 너무 아담하고 예뻤다. 스님이 비탈을 이용해 자연스럽게 조경하였다고 했다. 연꽃 사이로 나무 길을 만들고 통나무 가드레일과 너와집 처마를 지닌 쉼터 의자, 물레방아도 아기자기 했다. 절 앞마당은 초록 잔디였고 그 주변은 흰색 목수국이 탐스럽게 만발했다. 절을 병풍처럼 둘러싼 소나무 숲 사이로 파란 하늘에 흰구름이 천천히 멀어졌다. 운동회 연습을 해야 할 것 같은 가을 하늘이었다.

절 앞에 있는 갈색 콘테이너박스 2층이 화장실이었다. 수상가옥처럼 4개 다리가 2층을 받치고 있었다.

'신발을 벗고 들어가세요.'

가정집도 아닌데 건식 화장실이 가능한 일일까? 사람들이 벗어놓은 신발 옆에 내 운동화도 가지런히 놓고 상상되지 않는 상상을 하며 들어갔다. 화장지가 바닥에 몇 개 떨어져 있어 조심스레 까치발로 일을 보고 나왔다. 물기가 없어 상상보다는 괜찮았지만 공중화장실은 신발을 신는 것이 좋겠다고 생각했다.

연못과 절 사이에 정자가 있었다. 정자 현판에는 '好事不如無事(좋은 일은 아무 일이 없는 것만 못하다)'라고 쓰여 있었다.

머리에 확 들어왔다. 철학적이다. 사람마다 가진 역량이 서로 다르고 처한 상황도 다르다. 현재의 상황에서 할 수 있는 만큼 각자 맡은 역할에 최선을 다하면 조화롭게 지낼 수 있다. 살다 보면 어느 해는 내가 조금 더 일하고 어느 해는 내가 조금 배려받기도 한다. 직장에서 아무 일도 없었던 평범한 하루가 얼마나 소중한지 새삼 느꼈다.

다음은 동의보감촌에 갔다. 남편이 과장되었을 때 이곳 산청 가족호텔에서 워크샵을 했다고 하니 산청도 친근감 있게 다가왔다. 동의보감촌은 넓게 잘 조성해 놓았다. 야외 공원에 인체의 각 부분을 형상화한 조각작품이 있었다. 지리산 비탈진 산자락을 이용해 박물관, 홍보관, 호텔, 주차장, 정원 등을 조성했다. '산청'이라고 새긴 포토존에서 찍은 사진은 구름 위의 신선 같았다.

숙소 주인이 추천한 식당에서 저녁식사를 하고 대리기사를 불렀다. 숙소까지는 20분 정도 걸린다고 했다. 시골이라서 캄캄했다. 오늘 함양 운전이 처음인지 대리기사는 우리한테 길을 물었다. 내비게이션을 켰는데도 어디로 가는지 물어 옆에서 남편이 알려주었다. 참 어려웠다.

숙소 주인의 전화가 왔다.
"어디쯤 왔어요? 도착했나요?"

그 곳이 아니었다. 한옥스테이가 두 곳 있는데 우리가 예약한 독채는 더 가야한다고 했다.

"길가로 나오세요. 거기서 기다릴게요."

대리기사는 어둡다고 돌리지도 못하고 후진도 못했다. 간신히 후진해서 큰 길로 나가 숙소 주인을 만났다.

'대리기사 맞아? 함양이 처음인가봐. 남계서원도 모르다니.'

우여곡절 끝에 숙소에 왔다. 우리가 예약한 숙소는 홍보관과 같이 있어 관공서처럼 주차장이 넓게 잘 조성되었다. 대리기사는 차를 장애인 전용 주차장에 주차했다.

'설마 장애인 전용 주차장을 모르는 것은 아니겠지?'

남편이 옆 칸에 다시 대달라고 했다.

'시간도 많이 걸렸으니 5천원 더 주세요.'

사랑채 대청마루는 ㄱ자였다. 이 숙소의 가장 큰 매력이었다. 꺾어진 부분이 양반집처럼 넓고 난간이 있었다. 춘향이가 된 것 같았다. 숙소는 깔끔하고 벌레도 없었다. 원목

협탁을 가운데 두고 넷이 마주 앉아 방과후활동을 시작했다. 건강검진 결과 콜레스테롤 수치가 높다고 삼겹살, 튀김 먹지 말라고 했는데 저녁으로 삼겹살을 먹었다. 오호 통재라! 남편은 기분 좋게 먹으면 괜찮다고 했다. 이 말을 위안 삼으며 여행 끝나고 다시 관리하기로 다짐했다. 새우깡도 맥주랑 먹으니 꿀맛이었다. 새우깡 광고 노래 그대로였다.

손이 가요 손이 가. 새우깡에 손이 가요. 어른손, 아이손, 자꾸만 손이 가.
언제든지 새우깡 어디서나 맛있게 누구든지 즐겨요.

늦은 밤까지 이야기를 했다. 지리산이 주는 선물인지 선선했다. 두 남자는 대청마루에서 잤다.
'방과 침실이 따로 필요 없었네.'

일정표의 기상 시각은 6시, 일어나 보니 벌써 두 남자는 마을을 한 바퀴 돌고 왔다. 정원을 잘 가꾸어 놓은 집이 있다고 알려주어 가보았다. 학교숲을 조성하며 꽃과 나무에 관심이 많아졌다. 그것을 관리하기 위해 얼마나 노력이 드는지도 알게 되었다. 며칠만 눈길을 주지 않으면 풀밭이 되고 나무 수형이 없어졌다. 나무 한 그루만 보아도 주인의 손이 얼마나 갔는지, 주인이 어떤 사람인지 짐작이 갔다. 넓은 정원에 빽빽하게 심은 나무들이 잘 정돈되어 있었다. 그 집에서 오랫동안 자랐을 것이다. 어느 나무에게는 미안하지만 여유 공간을 만들어주고 싶었다. 빌딩 가득한 서울 같았다.

에피타이저로 사과를 먹었다. 선배 부부는 매일 사과를 반쪽씩 먹는다고 했다. 나 참 잘했다! 이렇게 통하다니. 아오리 사과가 제철이어서 맛이 괜찮았다. 대청마루에서 먹는 컵라면과 김치는 최고였다.

남계서원은 우리가 헤맸던 그 숙소 옆에 있었다. 2019년 '한국의 서원' 9개가 유네스코 세계유산에 등록되었다는 것을 알게 되었다. 논산 돈암서원, 안동 병산서원과 도산서원, 영주의 소수서원, 이 곳 함양의 남계서원 이렇게 5개는 가보았다. 그 중 나는 병산서원을 으뜸으로 꼽는다. 낙동강 물줄기가 넓게 흐르고 그 뒤로 나지막한 절벽의 자연과 서원의 조화가 백미였다. 만대루에 앉아서 마음 맞는 사람들과 독서토론을 실컷 하면 행복할 것 같았다. 서원은 주로 경상도에 있었다. 안동, 영주, 함양은 양반 동네였던 것 같다.

거창 허브빌리지는 폐교된 학교를 새로운 문화공간으로 만들었다. 배너에 나태주님의 시가 있었다. 시인은 같은 지역 사람이고 교직에 있어서 친근감이 갔다. '풀꽃'을 오랫동안 좋아했는데 '꽃밭에서'는 깊고 강렬하게 들어왔다.

뽑으려 하니

모두가

잡초였지만

품으려 하니

모두가

꽃이었습니다.

학교 부지는 넓었다. 운동장을 라벤더정원으로 만들었다. 마사토 위에 북돋아 만든 밭이라서 그런지 라벤더가 메마르게 자랐다. 방갈로처럼 독채 숙소도 여러 채 있었다. 조회대는 무지개 의자를 두고 포토존으로 만들었다. 현관은 막았고 그 곳에 능소화 덩굴이 배배 꼬며 억세게 올라갔다. 왼쪽은 흰 벽에 그라데이션 그림글자가 프린팅한 것처럼 있었고 가장자리는 담쟁이 덩굴이 타고 올라갔다. 슬로베니아 블레드섬처럼 이국적인 사진 한 장을 남겼다.

May flowers grow in the saddest parts of you.

'너의 가장 슬픈 부분에서도 꽃은 자랄 수 있어.'

이 해석이 맞는지 나도 모르겠다.

둘러보면서 여러 생각이 겹쳤다. 학령인구가 감소하여 입학생이 줄어들고 있다. 이미 통폐합이 시작되었고 5~10년 뒤에는 가속화될 것이다. 아이를 적게 나아 어쩔 수 없는 일이라고 하지만 교장은 받아들이기 쉽지 않다.

'우리 학교는 오래 남아있으면 좋겠다.'

무료 입장이어서 입장료를 낼 겸 카페에 들렀다. 허브 체험 장소답게 라벤더라떼가 있었다. 보라색 음료 색깔이 예쁘고 향긋했다. 이 메뉴는 추천하고 싶다. 라벤더 바디로션을 차에 싣고 다니며 고기나 생선을 먹고 몸에 음식 냄새가 나면 급한 대로 발랐다. 라벤더 향과 함께 여행하였다.

금원산 휴양림은 고산지대에 위치한 우리나라 유일한 수목원이었다. 자동차로 한참 올라가니 정상에 목수국이 가득했다. 여기가 수목원 시작이었다. 이번 경남 여행하면서 가장 많이 본 나무는 목수국과 배롱나무꽃이었다. 비가 내리기 시작해서 차로 700미터까지 드라이브를 했다. 이 수목원은 버스 진입은 막고 승용차만 다니도록 하였다. 걸어서 수목원에 가기는 어려울 것 같았다. 계곡물에 발을 담갔더니 발목이 시렸다.

'뱀사골 계곡만 좋은 줄 알았는데 이런 숨은 피서지가 있었네. 다음 여름은 여기 수목원 숙소를 예약하면 좋겠다.'

거창은 정자가 많았다. 수승대가 가장 인상적이었다. 요수정, 군자정, 옥연정, 거연정 등 물길따라 정자가 있었다. 수승대 솔섬은 선비 문화를 잘 보여주었다. 바위 사면에 한시가 새겨져 있었다. 정자에서 내려다본 계곡은 시를 떠올리기에 충분했다. 비가 조금씩 내려 평소보다 물양이 많고 미끄러웠다. 물길따라 일정한 간격을 두고 2인 1조 안전요원이 배치되어 있었다. 우리는 걸어서 물을 건너 반대쪽으로 내려왔다. 걷기만 해도 시름을 잊을 수 있는 이곳은 한적하고 평화로웠다. 오늘도 초과달성했다. 두 곳을 더 갔다. 우리는 왜 이렇게 부지런할까? 밤에는 추웠다. 여름인데 문을 모두 닫고 방에서 잤다.

3일차도 일찍 일어났다. 아침 먹으면 떠나야 하는 아쉬움으로 주차장을 돌아 마을을 둘러보았다. 대청마루에서 커피 마시면 참 좋겠다고 생각했으나 배달은 안 되었다. 마지막 날이니 여유 있게 9시에 출발하자고 약속하고도 벌써 짐도 다 쌌다. 일찍 여는 카페가 있으려나?

상림공원이 여행의 목적지였다. 상림숲을 검색했더니 상림공원으로 나왔다. 이틀 신었던 샌들을 벗고 운동화를 신었다. 그럴 필요가 없었다. 함양 버스터미널에서 10분 정도 걸으면 나오는 읍내 한복판에 있는 공원이었다. 공원 앞 카페에서 아이스아메리카노를 한 잔씩 마셨다. 기분이 한 층 좋아졌다. 공원 입구에서 벌써 상림공원 매력에 빠졌다. 최치원이 조성한 인공숲인데 평지에 조성한 활엽수림이었다. 양손으로 신발 한 짝씩 들고 마사토 맨발길을 두 시간 가량 걸었다. 황톳길의 부드러움이 아니라 따끔따끔 지혈되어 금방이라도 건강해질 것 같았다. 맨발길은 자동차도 지나갈 정도로 넓고 관리가 잘 되어 있었다.

"퇴직하면 여기서 한 달 살기 하면 좋겠어요."
내가 말했다.
"박교장이 좋아할 줄 알았어. 평지를 걸을 수 있어 좋아. 여기 오면 달랏 테라코타호텔이 생각나. 나트랑 말고 달랏만 한 번 더 가고 싶어. 호수 주변을 산책하고 호텔 조식 먹으면 얼마나 좋은지. 최고야."

"서우 아빠는 달랏 다녀온 뒤로 테라코타호텔 이야기만 해."

패키지 여행의 호텔인데 좋았다고 하니 나도 좋았다. 달랏은 사계절 봄봄봄. 겨울에 갔는데 꽃이 만발하였다.

"달랏 직항 항공기 있다고 했어요. 테라코타호텔만 예약하고 자유여행 가도 될 것 같아요."

길쭉한 숲을 걸어서 돌아올 때는 정원을 관람하였다. 퍼플섬보다 더 보랏빛이 많았다. 버들마편초, 라벤더, 블루사루비아가 밭 가득 한들거렸다. 우리 학교에도 버들마편초가 있다.

"저 꽃 스타치스 아니야?"

"버들마편초예요. 다른 사람들도 스타치스와 혼동하더라구요. 스타치스는 생화가 드라이플라워 같아서 구분하기 어렵죠. 버들마편초는 꽃대를 잘라 주면 양쪽으로 두 개의 꽃대가 나와서 풍성해져요. 자른 꽃은 화병에 꽂을 수 있으니 매력적이죠."

여기는 버들마편초 이미 꽃대를 잘라 주었다.

연못에는 연꽃, 수련이 있었다. 연꽃 앞에서 사진 찍는 우리 모습이 답답했는지 관리인이 지나가다가 카트에서 내렸다. 관리인은 서는 위치와 포즈까지 설명하고 사진에 진심이었다. 수많은 연꽃 중에 하나를 선택해 가슴에 크게 오버랩해서 찍어주었다. 마치 내가 심청이 되어 연꽃에서 짠하고 나오는 장면 같았다.

"저도 찍어주세요."

나도 나도 해서 4명 모두 찍어주었다. 연못 징검다리에서 부부끼리 비행기처럼 양팔을 벌리고 한껏 포즈를 취하니 운치 있었다.

점심은 계획표대로 연잎밥 정식. 선배부부도 같은 집을 추천했다. 서로 통했다. 블러그 평도 좋았다. 게다가 나는 정식을 좋아해 기대되었다. 안타깝게도 상호명이 검색되지 않았다. 블러그를 검색해서 주소를 찍고 갔다. 두 바퀴를 돌아도 또 그 자리로 왔다. 그 간판이 없었다. 블러그에서 식당 사진을 찾았다. 갈색 삼각형 집이 맞았다.

"여기 연입밥 정식 하나요?"

"상림공원 올 때마다 와서 먹었는데 왜 업종 변경하였어요? 아쉬워요."

"남는 게 없어요."

"저희는 주로 단골손님인데 가끔 와서 1,000원만 올려도 비싸다고 얘기해요. 더러워서 올리지도 못하고. 이 나물과 반찬 다 제가 직접 하는데 손이 많이 가요."

사장님 참 화끈하였다. 작년에 국밥집으로 업종을 바꾸었는데 다행히 연잎밥 정식도 있었다. 음식은 사장님 자부심처럼 정갈하고 맛났다.

'다음에 상림공원 오면 이 메뉴를 또 시켜야지.'

마지막 일정은 오도재를 지나 남원을 거쳐 집으로 돌아가는 것이다. 상상하지 못한 고개 오도재는 S자를 연이어 그린 그림 같았다. 비구름인지 안개인지 뿌옇다. 지리산 제1문 앞에서 희미한 기념사진을 찍었다. 금방 안개가 걷혀서 다시 사진을 찍었다. 남원으로 가는 길은 구불구불 위험할 것 같아 함양으로 되돌아와서 고속도로를 탔다.

선배 부부는 나이 차이가 있어도 우리와 잘 맞았다. 우리보다 더 바지런하고 우리를 더 배려해주었다. 유쾌하고 여행을 좋아해서 이야기가 끊이지 않았다. 사진을 올리면 선배가 동영상을 만들어 보냈다.

'이것을 만들려면 눈 아팠을 텐데.'

남편과 둘만의 여행이 단출하다면 넷의 여행은 풍성했다. 넷의 대화는 다양하고 인생 선배로서 배울 점이 많았다. 3일 내내 비 예보로 걱정했는데 날도 좋았다. 입추가 지나고 지리산 자락은 달랏처럼 선선했다.

'우리 여행 날짜 참 잘 잡았다.'

오늘도 행복을 만납니다

지은이 | 박창옥
표지디자인 | 박창옥
이메일 | park0946@cne.go.kr
발행처 | 도서출판 진포
발행일 | 2025년 12월 10일

ISBN | 979-11-93403-52-5

인　쇄 | 진포인쇄
주　소 | 전북특별자치도 군산시 팔마로4
전　화 | 063)471-1318

ⓒ 오늘도 행복을 만납니다
본 책은 저작자의 지적 재산으로서 무단 전재와 복제를 금합니다.